KUNST UND GESCHICHTE
LISSABON

Text von
EMÍLIA FERREIRA und JORGE CABELLO

BONECHI

INHALT

Vertrieb:

EDITORIAL SOFOTO, LDA
Rua Eça de Queiroz, 83
Chesol - Aldeida de Juso
2750 CASCAIS - Portugal
Tel. (01) 4871505 - Fax (01) 4871620

KUNST UND GESCHICHTE · LISSABON

Eine Originalausgabe der Casa Editrice Bonechi
Verlegerische Koordinierung: Monica Bonechi
Bildredaktion und grafische Gestaltung: Serena de Leonardis
Umschlag: Sonia Gottardo
Computer-Layout: Manuela Ranfagni
Redaktion: Giovannella Masini
Text von: Emília Ferreira und Jorge Cabello
Übersetzung: Andreas Hein
Stadtplan: Studio Grafico Daniela Mariani, Pistoia

Gedruckt in Italien von Centro Stampa Editoriale Bonechi.

Fotografien aus dem Archiv der CASA EDITRICE BONECHI, *aufgenommen von* Paolo Giambone; *S. 68, 76, 82, 112 unten, 113, 119, 120, 123:* Luigi Di Giovine; *S. 5 oben, 11 unten, 99, 104 oben, 110, 122 oben:* Jean-Charles Pinheira.

Fotografien der EDITORIAL SOFOTO, LDA:
S. 79 oben, 81, 115, 116 oben: © Paulo Sotero; *S. 105:* © Chester Brummel.
Fotografien mit freundlicher Erlaubnis des Arquivo Nacional de Fotografia - INSTITUTO PORTOGUÊS DE MUSEUS:
S. 62, 63, 64, 65: Museu Nacional do Azulejo; *S. 71, 72, 73, 74:* Museu Nacional de Arte Antiga; *S. 89 oben rechts und in der Mitte:* Museu Nacional de Arqueologia; *S. 101:* Museu Nacional de Etnologia.
Fotografien mit freundlicher Erlaubnis der Fundaçao Calouste Gulbenkian - Museu:
S. 106, 107, 108, 109, aufgenommen von Reinaldo Viegas.

ISBN 88-8029-396-6

* * *

EINFÜHRUNG

Lissabon erblühte dank des Tejo-Flusses, es erlebte Zeiten fantastischen Reichtums und außerordentlicher Armut und immer wieder war es der Fluß, von der ersten Siedlung in der Steinzeit an, der Vorlieben für diesen Ort entstehen ließ, aber auch dessen Überwältigung verursachte. Das auf Hügeln errichtete und von Hügeln umgebene Lissabon bewahrt unzählige Schätze und Erinnerungen, dem Charme der Stadt zu widerstehen ist unmöglich, trotz der Hektik des modernen Lebens und des nervenaufreibenden Verkehrs.

In Lissabon lebten die verschiedensten Völker und Rassen und seine Geschichte reicht bis in die graue Vorzeit zurück. Wenn die Reste der frühesten Einwohner an nur wenigen, kaum erkennbaren Spuren auszumachen sind, so liegt das daran, daß die neuen Gebäude stets über den Fundamenten der vorhergehenden erbaut wurden, daß die siegreichen Eroberer weitgehend die unterworfene Bevölkerung ersetzten und daß zahllose Erdbeben und Feuersbrünste für Tod und Verwüstung sorgten.

Doch einmal abgesehen von Lissabons Archäologie, die magische Anziehungskraft dieser Stadt wird im Lauf der Geschichte immer wieder von den Besuchern bezeugt.

Dank seiner strategischen Position an dem breiten, ruhigen Fluß, der direkt in den Atlantik fließt, mit gesicherter Wasserversorgung, fruchtbarem Ackerland ringsum und gemäßigtem Klima, galt es stets als ein guter Hafen. Bereits 1500 v. Chr. rühmte man den Ort als einen reichen Anlege- und Umschlagplatz.

Die lange Liste der verschiedenen Volksgruppen, die an dieser Stelle wohnten, beginnt wohl mit den ersten Nomaden, die hier in der Steinzeit siedelten. Dann folgen die Iberer, die Ligurer und die Kelten. Letztere übernahmen ihre Macht von den Iberern und aus der Vermischung mit den unterworfenen Völkerschaften entstand eine keltisch-iberische Rasse. Danach kamen die Libyer und die Phönizier, die der Stadt um 1200 v. Chr. den ersten überlieferten Namen gaben, Alis-Ubbo, angenehmer Hafen. Fast sechs Jahrhunderte später trafen auch die Griechen ein, sie nannten die Stadt am Tejo Olisipo, vielleicht nach Elosipon, einem Halbgott von Atlantis oder nach Elasippos, dem Pferdetreiber.

Von Hamilkar angeführt drangen 238 v. Chr. die Karthager ein, aber schon 37 Jahre später traten die Römer auf den Plan. Ihre Herrschaft sollte sechs Jahrhunderte lang dauern, aus Alis-Ubbo wurde Olisipo Felicitas Julia zu Ehren von Julius Cäsar.

Lissabon muß von eh und je eine besondere Anziehungskraft ausgeübt haben, wie schon Norberto de Araújo in seinen Peregrinações em Lisboa schreibt: "Das von den Römern 201 v. Chr. vorgefundene Alisubbo war bei weitem nicht dieselbe Stadt, die sie am Ende des 5. Jh. an die siegreichen germanisch-gotischen Barbaren verloren. Der Genius Roms schenkte Olisipo Reichtum, zwar wurde es nicht zu einer großen Metropole des römischen Hispania, besaß aber wie keine andere Stadt Verführungskunst, was zu ihrer ständigen Weiterentwicklung beitrug: der Fluß und der Ozean, nur zwanzig Ruderschläge entfernt." Als Verwaltungszentrum besaß es in Lusitanien als einziges den Status der oppidum civium romanorum, so daß seine Bewohner die gleichen Rechte hatten wie die römischen Bürger. Außerdem war hier der Schiffsbau von großer Bedeutung und Heerstraßen verbanden es mit Bracara und Emerida Augustea, heute Braga und Mérida.

Nach dieser Zeit, von der es noch heute Zeugnisse gibt, wurden andere Völker von dem Reiz der Halbinsel angezogen und insbesondere von Olisipo.

Im 5. Jh. begann die Völkerwanderung, Vandalen, Sweben, Alanen und andere Stämme herrschten nacheinander. Die Alanen eroberten die Stadt von den Römern, konnten sich aber nicht lange halten. Dann folgten die Westgoten, zu Ihrer Zeit nannte man den Ort Olisipone. Westgoten und Sweben erlebten wechselvolle Siege und Niederlagen, während die Einwohner und die glanzvollen römischen Monumente in diesem endlosen Kampf allmählich vernichtet wurden. Man nimmt an, daß im Jahr 472 ein Erdbeben endgültig all das dem Boden gleich machte, was noch von der phönizischen, punischen und römischen Stadt übrig geblieben war. Olisipone fand dann endlich unter den zum christlichen Glauben konvertierten Herrschern der Westgoten wieder Frieden.

Arabische Streitmächte, angeführt von Abdelaziz Ben Musa, betraten die Stadt 714 und leiteten damit die fast vier Jahrhunderte dauernde arabische Herrschaft ein. Trotz der zahlreichen Schlachten, die die Araber immer wieder zu schlagen hatten, brachten sie doch den Reichtum einer großen Kultur mit sich. Sie nannten den Ort Lissibona oder Aschbouna, dessen Blüte sich im Bau zahlreicher Moscheen niederschlug, die an Stelle der christlichen Kirchen errichtet wurden, z.B. dort wo die heutige Sé oder Kathedrale steht. Lissibona erregte den Neid der Christen, die oft davon träumten, es zurückzuerobern.

Das erwies sich aber, obwohl es nur ein Kastell gab, als sehr schwierig: Die Araber hatten ein wahres Labyrinth von Straßen zwischen die Stadtmauern eingezwängt. Diese Mauern zogen sich damals bis zum Fluß hinab (es gab damals wesentlich mehr Eingänge von der Landseite aus, was auch dadurch nachweisbar ist, daß sich auf dem Areal des heutigen Rossio römische Kaianlagen befanden). Erst 1147, drei Jahre nachdem das portugiesische Königreich gegründet worden war, eroberte endlich Alfons Heinrich (1128-1185) mit Hilfe von deutschen, englischen und flämischen Kreuzfahrern, die sich auf dem Weg nach dem Heiligen Land befanden, die Stadt nach zwölfwöchiger Belagerung.

Auch unter christlicher Herrschaft wuchs Lissabon weiter, zahllose Monumente entstanden und auf die Überreste der Moscheen baute man Kirchen wie Sé, Santa Cruz do Castelo, São Bartolomeu oder Santiago.

In der Mitte des 13. Jh., als Alfons III. herrschte (1210-1279), ersetzte Lissibona die damalige Hauptstadt Coimbra. Mit Bauten in gotischem Stil, der damals in Portugal bereits weit verbreitet war, verlieh man der neuen

Das Aquädukt Águas Livres (1428).

Hauptstadt ein glanzvolles Aussehen. Beispiele dafür sind die Kloster São Domingos, São Francisco und Santa Clara, neben anderen, weniger bedeutenden Bauten. Damals entstanden auch die ersten Stadtpaläste, wie zum Beispiel der Alcáçova.
Lissibona weitete sich aus, auch jenseits der Stadtmauern. Der König und Poet Dionysius (1261-1325) erkannte, daß die Stadtgrenzen erweitert werden mußten und ordnete an, daß ein neuer Stadtmauerabschnitt zu bauen sei, der zum Teil die heutige Praça do Município einnahm. Später, in der Mitte des 14. Jh., entschloß sich König Ferdinand (1367-1383), eine neue Stadtmauer zu errichten. Er benutzte dabei einen Teil der Erweiterung, die der Troubadour-König gebaut hatte und umfing die ganze Stadt mit einem Mauerkranz. Einige Jahre später erwies sich diese Maßnahme als äußerst nützlich, als nämlich der Mestre de Aviz (1357-1390) die Stadt gegen König Johann I. von Kastilien verteidigen mußte.
Das 16. Jahrhundert war das Zeitalter der Entdeckungsreisen, Lissabon vergrößerte sich erheblich. Der Reichtum kam mit dem Handel orientalischer Gewürze, immer prächtigere Gebäude entstanden. Menschen aus aller Herren Länder - ein Zehntel von ihnen waren Sklaven - drängten sich durch die Straßen. Unter der Herrschaft von Emanuel I. (1469-1521) verwandelte man allmählich auch die mittelalterliche Innenstadt, die Adligen erbauten weiträumige Renaissance-Paläste. Doch auch diese Zeit ging vorüber, gewaltige Barock-Palais sollten später die vergleichsweise bescheidenen Residenzen des 15. und 16. Jh. ersetzen. Die imposante Barockarchitektur repräsentierte in Maßstab und Gestaltung den Bedarf nach Großartigkeit.
Die portugiesische Spätgotik heißt nach König Emanuel manuelinischer Stil und ist eine Mischung aus europäischen und nordafrikanischen Stilelementen, in der auch maritime Motive auftauchen.
Damals fieberte ganz Portugal euphorisch in seinem nationalen Ruhm, doch bereits ab 1580, als die sechs langen Jahrzehnte spanischer Fremdherrschaft begannen, brach Niedergang über die Stadt herein.
Auch Lissabon spiegelte die Armut wieder, die das ganze Land erfaßt hatte. Selbst die Restauration der nationalen Unabhängigkeit (1. Dezember 1640) brachte keine Abhilfe.
In der ersten Hälfte des 18. Jh., als Johann V. regierte (1706-1750), enstand eine stark von Ornamenten geprägte Architektur und Kunst, für die vergoldete Holzschnitzereien und gekachelte Fußböden und Wände typisch sind. Bis zu dem großen Erdbeben vom 1. November 1755 erstrahlte Lissabon in einer ungeheueren Vielfalt von Stilen und Farben und hatte sich noch das Labyrinth seiner mittelalterlichen Straßen bewahrt. Doch das

vernichtende Erdbeben, begleitet von einer Flutwelle und schrecklicher Feuersbrunst, ließ keine andere Wahl, als die Stadt völlig neu aufzubauen, wobei aufklärerischer Geist und die diktatorischen Vollmachten des Ministerpräsidenten Marquês de Pombal halfen.
Im 19. Jh. brachte die industrielle Revolution zahllose Veränderungen in Politik, Wirtschaft und Gesellschaft. Die über ganz Europa hinwegfegende Revolution erreichte auch Portugal und Lissabon ist Zeuge ihrer Auswirkungen.
Im Jahr 1807 besetzten Napoleons von Junot befehligte Truppen die Hauptstadt, die königliche Familie ging nach Brasilien ins Exil. Die politischen Unruhen erreichten ihren Höhepunkt, als am 24. Juli 1833 die Armee der Liberalen in Lissabon einzog. Die sieben Hügel von Lissabon galten traditionsgemäß als das Symbol der Hauptstadt, doch nun wurden immer weitere Hügel von der Stadterweiterung vereinnahmt, so daß ehemalige Vororte wie Estrela, Belém, Alcântara und Ajuda bald zur eigentlichen Stadt gehörten. Am Ende des 19. Jahrhunderts diente die Avenida da Libertade, an Stelle der noch vom Marquês de Pombal gebauten Promenade, als Hauptverkehrstrasse für eine Stadterweiterung, die noch heute anhält: Immer mehr Hügel werden Lissabon, der stets jugendlichen "Braut des Tejo" geopfert.

Das Aquädukt über dem Alcântara-Tal.

Terreiro do Paço auf einer Keramiktafel mit Lissabon vor dem Erdbeben von 1755.

Brandy
CONSTANTINO

O melhor
VINHO
DE SOBREMESA
PORTO
A QUALQUER HORA
A BEBIDA IDEAL
HOTEL
EUROPA
CERVEJA

Der Rossio-Platz, auch Praça Don Pedro IV genannt, wurde ursprünglich von dem Ungarn Carlos Mardel geplant.

Blumenverkäufer auf dem Rossio.

Nächste Seiten:

Säule mit der Bronzestatue (1870) von König Peter IV. Die vier Sockelfiguren symbolisieren Gerechtigkeit, Weisheit, Wagemut und Beherrschtheit.

Einer der beiden barocken Brunnen auf dem Rossio-Platz.

ROSSIO

Der **Rossio** ist ein großer offener Platz, für die städtische Bevölkerung quirliger, gesellschaftlicher Mittelpunkt. Auf Lissabons Rossio, dessen offizieller Name Praça de Dom Pedro IV lautet, konvergieren mehrere Teile der Stadt, er ist das Tor zum Fluß und zu den Hauptstraßen der Stadt. Das Aussehen des Platzes wurde mehrfach verändert, beim letzten Mal fällte man die Bäume und verkleinerte die Fußgängerzone. Leider eliminierte man auch Teile der mit Mosaiken gepflasterten Oberfläche, um Platz für Straßenbahnen, später für Busse zu schaffen. Am nördlichen Ende des Platzes steht das **Nationaltheater Dona Maria**, 1842 bis 1846 nach Entwürfen von Fortunato Lodi erbaut. Sein Entstehen ist vor allem dem persönlichen Einsatz des Dichters Almeida Garrett zu verdanken. 1964 brannte es nieder, wurde aber 1978 wiedereröffnet. Das Giebelfeld des Theater bekrönt eine Statue des Gil Vincente, einem Dramatiker des 16. Jh., der als der Vater des portugiesischen Theaters gilt.

An dieser Stelle stand im 15. Jh. auch der Estaus-Palast, in dem König Peter ausländische Würdenträger zu empfangen pflegte. Später tagte in ihm das Inquisitionsgericht, doch durch das Erdbeben von 1755 erlitt der Bau schwere Schäden. Im 19. Jh. diente er verschiedenen anderen Zwecken, bis das Schatzministerium hier einzog. Leider brannte er dann im Jahr 1836 vollständig nieder. Gegenüber vom Theater bewachen zwei Brunnen die elegante Säule mit der Statue von Peter IV. Nach blutigen Auseinandersetzungen mit seinem Bruder wurde er 1826 König von Portugal. Davor (1822) hatte er Brasilien die Unabhängigkeit zugestanden, er regierte dort bis 1831 als Kaiser. Manche betrachten dieses Monument als das des habsburgischen Kaisers von Mexiko Maximilian, dessen Statue in Portugal zurückblieb, als er von den mexikanischen Patrioten erschossen wurde. Da Maximilian und Peter IV. gewöhnlich ähnlich gekleidet dargestellt wurden und niemand genauer so weit nach oben blicken kann, ließ man die Statue an ihrem Platz.

Die Südseite des Platzes schimmert von der Farbenpracht einiger Blumenstände. Die Gebäude auf dieser Seite gehen auf den Wiederaufbau des 18. Jh. zurück. Es gibt Banken, Buchläden, Telefonbüros, Geschäfte und altmodische Hotels. Außerdem verdienen das Café Nicola mit der Statue des Dichters Bocage und das Café Suiça Erwähnung. Genau gegenüber vom Theater rundet sich der kleine **Bandeira-Bogen**, den der Geschäftsmann Pires Bandeira am Ende des 18. Jh. bauen ließ.

Brandy
CONSTANTINO
FALLECEU
EM 24 DE SETEMBRO
DE 1834

Selh

Marquês de Pombal
RESTAURADORES
PRAÇA DO COMÉRCIO
ROSSIO
ÁREA EM TRATAMENTO

PRAÇA DA FIGUEIRA

An der Ostseite vom Rossio öffnet sich **Praça Dom João I**, in Wirklichkeit **Figueira** genannt, ein weiter, wunderschöner Platz mit schwarz-weißer Pflasterung, der von Geschäften umgeben ist.
1883 wurde die Umgestaltung der Praça da Figueira in Marktplatz im Rahmen des Wiederaufbauplans der Stadt genehmigt. Der Markt entwickelte sich zu einem der wichtigsten Einkaufs- und Vergnügungsorte. Unter lauthalsen Protesten wurde er 1949 wieder abgeräumt und es blieb nur die Reiterstatue von Johann I. stehen. Das Reiterstandbild von Leopoldo de Almeida wurde 1970 in der Platzmitte auf den Sockel von Jorge Seurado gesetzt.
Nahe bei dem Platz stehen die **Kirche São Domingos** und der Palast der Grafen von Almada. Letzterer heißt auch **Palast der Unabhängigkeit**, denn hier fand die Verschwörung statt, die am 1. Dezember 1640 zur Wiederherstellung der portugiesischen Unabhängigkeit führte. In einem der Räume, in dem die Verschwörer zusammentrafen, erinnern Darstellungen auf *Azulejos* (bemalte Kacheln) an diese Ereignisse.

Nationaltheater Dona Maria II (1842). Büsten berühmter portugiesischer Dichter befinden sich über den Fenstern des mittleren Geschosses.

Der Rossio-Bahnhof des 19. Jh. in neomanuelinischem Stil.

Die Statue von Johann I. auf der Praça da Figueira.

Die Praça da Figueira und im Hintergrund das Kastell des Hl. Georg (Castelo de São Jorge).

BAIXA

So heißt das flache, rechteckige Areal zwischen dem Rossio und dem Fluß. Die sich rechtwinklig miteinander kreuzenden Straßen beherbergen Bürogebäude, Banken, Geschäfte und Cafés.

Die nüchterne und einheitliche Architektur ist ein Ergebnis der Sparmaßnahmen, die bei dem Wiederaufbau nach dem Erdbeben unumgänglich wurden. Der Marqês de Pombal ordnete an, daß man sich um die Lebenden zu kümmern habe, daß die Toten zu begraben seien und daß die Stadt wieder aufgebaut werden müsse. Dies bedeutete das Ende des wirren Knäuls kleiner krummer Gassen, die man an anderen Stellen immer noch findet, wo das Erdbeben, die Flutwelle und die Feuersbrunst nicht so großen Schaden anrichteten. Man entwarf also die Baixa wie einen geometrischen Plan, mit für damalige Verhältnisse breiten Straßen und mit Häusern, von denen man bis vor garnicht so langer Zeit annahm, daß sie erdbebenfest seien. In der Tat baute man sie jedenfalls feuerfest. Ihre Monotonie wird durch die schmiedeeisernen Balkone und großen Fenster unterbrochen. Die mit roten Ziegeln gedeckten Dächer werfen ihre Schatten auf die Pflastermosaike aus dem frühen 19. Jh.

Wie man an den Straßennamen entdecken kann, bestand ein starker Willen zur Reorganisation, die verschiedenen Zünfte und Händler wurden in bestimmten Straßen zusammengefaßt. Noch heute findet man die meisten Gold- und Silberschmiede in der Rua do Ouro und der Rua da Prata (Gold- und Silberstraße). In der Rua do Ouro gibt es auch einen der verschiedenen Aufzüge von Lissabon, dieser heißt nach **Santa Justa** und wurde von Raoul Mesnier de Ponsard entworfen. Die weniger reichen Geschäfte reihen sich in anderen Straßen aneinander. Einige dieser Straßen wirken provinziell, während andere reich an alten "Tascas" oder Kneipen sind. Typisch ist die Rua dos Sapateiros (Schuhmacherstraße), die am Bandeira-Bogen beginnt. In ihr ist der **Animatógrafo** zu finden, das einzige Jugendstil-Filmtheater.

Der Elevador (Aufzug) de Santa Justa (1901) verbindet das Baixa-Viertel mit Bairro Alto.

Die obere Plattform des Elevador de Santa Justa bietet eine schöne Aussicht über Rossio und Baixa.

PRAÇA DO COMÉRCIO

Direkt am Ufer des Tejo gelegen, leitet die **Praça do Comércio** in die **Cais das Colunas** über. Auch sie entstand aus den Trümmern des Erdbebens und erhielt damals ihren heutigen Namen, aber die meisten Bewohner nennen sie immer noch **Terreiro do Paço**, Platz des Palastes, wie sie vor dem Erdbeben hieß, als dort noch der Ribeira-Palast stand. Emanuel I. erbaute den Königspalast im 16. Jh., er enthielt viele Kunstwerke und eine der größten Bibliotheken Europas.
Die heutigen Gebäude des 17. Jh. enthalten verschiedene Ministerien und die Börse von Lissabon. In der Platzmitte steht die erste **Reiterstatue** der Hauptstadt, sie stellt Josef I. dar. Dieser König hat keinen besonderen Platz in der Geschichte verdient, höchstens wegen der energischen Figur seines Ministerpräsidenten Marquês de Pombal. Der Bildhauer Machado de Castro wohnte der Enthüllung des Denkmals zwanzig Jahre nach dem Erdbeben nicht bei, weil man ihn gewaltsam des Auftrags entledigt hatte.
Die Praça do Comércio ist der schönste Platz von Lissabon und kann sich in ganz Europa sehen lassen. Von ihr gehen verschiedene Straßen aus, am bemerkenswertesten ist die Rua Augusta, die mit einem Triumphbogen beginnt, für dessen Vollendung man 118 Jahre benötigte. Der Bogen wurde von dem Architekten Veríssimo José da Costa entworfen und ist links und rechts von den allegorischen Figuren der Flüsse Tejo und Douro flankiert. Außerdem gibt es an dem Bogen vier Statuen berühmter Personen aus der Geschichte Portugals von Vítor Bastos. Links Nuno Alvares Pereira, Konnetabel der Monarchie im 14. Jh., Heerführer im Abwehrkampf gegen den König von Kastilien. Neben ihm Vasco da Gama, der 1498 den Seeweg nach Indien entdeckte. Rechts der Marquês de Pombal und neben ihm Viriato, der als der erste Nationalheld gilt, weil er im 2. Jh. v. Chr. den militärischen Widerstand Lusitaniens gegen die römische Invasion organisierte. Eine allegorische Figurengruppe des Franzosen Anatole Calmels vervollständigt auf der Attika das Monument; sie stellt den Ruhm dar, der die Schöpferkraft und die Tapferkeit bekrönt.
An der Ecke mit Rua da Prata liegt das **Café Martinho da Arcada**, das älteste in Lissabon, einer der berühmtesten Treffpunkte, was auch mit Fernando Pessoa zusammenhängt. Wie viele andere Dichter und Schrift-

Der Triumphbogen (Arco Triunfal) und das Denkmal von König Josef I.

VIRTVTIBVS
MAIORVM
VT. SIT. OMNIBVS. DOCVMENTO. P. P. D.

Rua Augusta, eine modische Einkaufsstraße.

Der Triumphbogen des 19. Jh. öffnet sich zur Rua Augusta.

Die Statue des Königs Josef I. errichtete man 1755 auf der Praça do Comércio.

steller suchte er das Café, besonders in den Zwanziger Jahren, manchmal sogar zum Schreiben auf. Trotz des ständigen Verkehrsgetöses gefällt es vielen Menschen, mitten im Sommer draußen an den Café-Tischen zu sitzen und eine kühle Meeresbriese zu genießen. Auch das Innere ist einladend und enthält immer noch die kürzlich restaurierte Dekoration früherer Zeiten. Terreiro do Paço ist seit dem 16. Jh. der Schauplatz wichtiger Ereignisse, hier fanden die Abreise und die Ankunft berühmter Personen statt, hier wurden die in Ungnade gefallenen exekutiert, die Glaubensgerichte der Inquisition bekannt gegeben und vollstreckt, Festzüge, Prozessionen, Paraden, höfische und populäre Festlichkeiten, alles geschah hier, auch die Ermordung von König Karl I. und seinem Thronfolger Ludwig Philipp am 1. Februar 1908, der ungestüme Truppenaufruf des Diktators Salazar "nach Angola" (1960) und die Massendemonstrationen während der stürmischen Monate, die auf die Revolution vom 25. April 1974 folgten.
Trotz des ständigen Verkehrs, bietet die Praça do Comercio doch einen lohnenden Ausblick über den Fluß. Boote aller Größen durchkreuzen das Wasser, insbesondere die Fährschiffe, die die verschiedenen Anlegestellen verlassen, um auf der anderen Seite des Tejo Montijo, Seixal, Barreiro und Cacilhas anzusteuern.
Sonntagsmorgens findet unter den Arkaden eine Trödlermesse statt. Der Gemeinderat bemüht sich darum, den Platz wieder dem Verkehr abzutrotzen und organisiert Konzerte und Volksfeste, insbesondere an Silvester. Solche Ereignisse stellen wieder die Verbindung zwischen den Bewohnern und ihrem Fluß her. Besonders im Sommer, im schimmernden Licht von Lissabon und nicht weit vom Tejo, der im Grunde fast unsere Füße badet, kann der Blick ungehindert schweifen. Dann bringt auch der Verkehrslärm die Durstigen nicht davon ab, hier Linderung zu suchen.

Die Carmo-Kirche (14. Jh.) wurde während des Erdbebens von 1755 zerstört. Ein Blick auf den östlichen Teil des Chores.

Der Brunnen auf dem Largo do Carmo entstand 1796, gegenüber dem Portal der gotischen Kirche.

Im Sommer finden in der Kirchenruine Konzerte statt.

RUÍNAS DO CARMO

Nach kurzer Bergfahrt mit dem **Santa Justa-Aufzug** kommt man zum **Largo do Carmo**. Nach dem überwältigenden Ausblick von der oberen Plattform des Aufzugsaus wirkt der Platz dagegen ziemlich bescheiden. Wer jedoch die **Carmo-Kirche** betritt, fühlt sich in eine andere Zeit versetzt. Die Reste der Kirche erscheinen wegen des weiß leuchtenden Gesteins der gotischen Bögen wie ein Skelett, das man der Sonne zum Trocknen ausgesetzt hat. Man ließ sie mit Absicht in dieser Form stehen, um an das Erdbeben von 1755 zu erinnern. Früher handelte es sich um die schönste und höchst verehrte Kirche von Lissabon. Man kann sie von mehreren Stellen der Stadt erkennen, sie sieht fast wie ein harmloses Gespenst der Vergangenheit aus. Manchmal werden hier an Sommerabenden Konzerte veranstaltet.

Die Kirche und das dazugehörige Kloster wurden am Ende des 14. Jh. erbaut, in Erfüllung eines Gelübdes, das Nuno Álvares Pereira, Waffenbruder von König Johann I. während der Schlacht von Aljubarrota abgelegt hatte. Er gelobte der Jungfrau Maria, daß er im Falle des Sieges ihr das schönste Heiligtum des Landes bauen würde. Er hielt das Versprechen, die Kirche wurde im gotischen Stil von Gomez Martins entworfen und ausgeführt. Die Ausstattung war ebenso eindrucksvoll wie die eigentliche Kirche. Über die Statuen glitten die farbigen Reflexe der Glasfenster und der Bau beschützte Schätze und Reliquien, die später fast alle vom Erdbeben verschlungen wurden.

Nachdem die Anlage vollendet war und er sein Gelübde erfüllt hatte, entäußerte sich der heilige Konnetabel all seines irdischen Besitzes und trat 1423 unter dem Namen Bruder Nuno de Santa Maria in das Kloster ein. Er starb sechs Jahre später. Für lange Zeit war es üblich, zu der Kirche zu pilgern und die Menschen sangen und tanzten um das Grab des Helden von Valverde und Aljubarrota.

Im 19. Jh. stabilisierte man die Ruinen, um ihren Einsturz zu verhindern. Seit damals hat die *Vereinigung portugiesischer Archäologen* hier ihren Sitz. Außerdem gibt es ein kleines, aber wichtiges Museum, das vor allem Skulpturen, Inschriften, Grabsteine und Wappen enthält, die in der Stadt gesammelt wurden.

Trotz der Gräber und des nackten Gesteins wirkt die Kirche keineswegs bedrückend. Gras und Blumen wachsen zwischen den Grabsteinen und der blaue Himmel bildet die Kulisse. Zwischen den Spitzbögen erblickt man Schwärme von Möven oder Schwalben, die ihre Nester umkreisen.

Der Platz davor ist mit Automobilen angefüllt, zwischen denen Kinder spielen. Der Brunnen in der Mitte, 1796 errichtet, besteht aus vier Säulen, die einen gewölbten Baldachin tragen.

Der Platz spielte in den letzten zwanzig Jahren eine bedeutende Rolle in der politischen Geschichte Portugals und hängt eng mit der *Revolution der Nelken von 1974* zusammen. Das Kloster diente der heutigen Nationalgarde *(Guarda Nacional Republicana - G.N.R.)* seit 1836 als Kaserne und dorthin flüchtete der ehemalige Ministerpräsident Caetano am 25. April 1974, während draußen auf den Straßen die Menschen für die revolutionären Militärs sympathisierten. Seitdem sind viele Jahre vergangen, die jungen Leute, die heute den Platz überqueren, sind meist zu den Modelokalen und dem Nachtleben von **Chiado** und **Bairro Alto** unterwegs.

Die gotischen Ruinen der Kirche gehören zu den wenigen mittelalterlichen Resten Lissabons.

Der hl. Johannes Nepomucenus (1743) rechts von der Vierung.

Passionsszenen auf zwei bemalten Keramikplatten (18. Jh.) im linken Seitenschiff.

Das Grab von Ferdinand I. (1376) in dem überdachten Teil des Chores.

DER CHIADO

Die elegante Welt von Lissabon kreist um den **Largo do Chiado**, der seit dem 19. Jh. in den Büchern der berühmtesten Schriftsteller auftaucht. Alle ihre Charakterfiguren flanierten auf der Rua Garrett, der Rua do Carmo und der Rua Nova do Almada. Hauptattraktion sind die eleganten, traditionsbewußten Geschäfte und Cafés, in denen früher die Literaten anzutreffen waren.
Der Chiado erfreut sich berühmter Nachbarschaft. Ganz in der Nähe liegt der **Largo das Duas Igrejas**, wo sich zwei Kirchen gegenüberstehen. Die **Kirche Nossa Senhora do Loreto**, in der der italienischen Kolonie die Sakramente dargereicht wurden, entwarf Filippo Terzi. Trotz eines Feuers, das 1651 ausbrach und der Beschädigungen durch das Erdbeben, konnte die Kirche ihre manieristische Form bewahren. Die Fassade ist von ele-

Die 1518 erbaute einschiffige Igreja do Loreto und die beachtenswerte Doppeltreppe am Eingang.

Das Denkmal (1867) für Portugals größten Schriftsteller, Luis de Camões, steht auf dem gleichnamigen Platz.

Das Bronzedenkmal für Fernando Pessoa (1888-1935) außerhalb von A Brasileira (1922) am Largo do Chiado.

Bronzestatue des António Ribeiro (1520-1591), der Dramatiker, der offenbar dem Chiado seinen Namen gab.

Am Largo de Chiado befand sich früher ein Stadttor des 14. Jh., das sich nach Westen zum Largo de Camões öffnete.

EZA
A BRASILEIRA
EXPORTADOR

ganter Strenge und rühmt sich einer Gruppe von Marmorengeln von der Hand Borrominis. Im Inneren befinden sich Werke der italienischen Schule, ein Deckengemälde von Pedro Alexandrino und Gemälde von Wolkmar Machado.

Die **Igreja da Encarnação** wurde 1708 beendet, bereits 1755 zerstört und Jahre danach von Manuel Caetano de Sousa restauriert. Auch ihr Äußeres ist eher schlicht, im Inneren gibt es jedoch Gemälde von Wolkmar Machado, Manuel da Costa, G. M. Appianni und anderen. Etwas weiter oberhalb vom Chiado erstreckt sich der **Largo de Camões**. Auf dem von Spatzen und Tauben bevölkerten Platz steht ein Denkmal (aus dem19. Jh.) von Camões, Portugals größtem Dichter.

Etwas weiter unterhalb, in entgegengesetzter Richtung liegt eine dritte Kirche, **Igreja dos Mártires** genannt (Ende des 18. Jh.). Ringsum gibt es Antquariate und Theater, das vornehme **São Carlos-Theater**, das städtische **São Luís** und das **Trindade**. Vor Jahren befand sich hier auch das glücklose *Gimnásio-Theater*, heute zum Einkaufszentrum umgebaut. In derselben Straße liegt das berühmte **Trindade-Restaurant** im ehemaligen Refektorium des Trindade-Klosters, das mit interessanten *Azulejos* verziert ist. Auf dem Largo do Chiado erhebt sich die Statue des Dichters und Dramatikers António R. Chiado, einem Zeitgenossen von Camões.

Das berühmteste Café von Lissabon, das **Brasileira**, behauptet seine Existenz gegen Banken und andere Geschäftshäuser, die mehr und mehr im Chiado Fuß fassen. Vor ihrem abendlichen Zeitvertreib in Restaurants, Theatern, Bars oder Diskotheken treffen sich die Vergnügungssuchenden stets in diesem Cafè. **Fernando Pessoa** oder vielmehr eine Bronzeskulptur von ihm, sitzt draußen vor dem Café, das heute Treffpunkt der eleganten Welt ist, schon lange bevor das Chiado-Viertel, im August1988 durch Feuer verwüstet, dieses Primat abgab.

Azulejo-Tafeln mit Freimaurersymbolen auf einem Gebäude des 19. Jh. in Rua da Trindade.

Eine Keramiktafel an einem antiquarischen Buchladen des Chiado.

SÃO ROQUE

Die **Kirche São Roque** wurde am Ende des 16. Jh. nach einem Entwurf des Italieners Filippo Terzi in Zusammenarbeit mit Alfonso und Bartolomeu Álvares erbaut. Vorher stand dort eine kleine Einsiedelei.
Die einfache Architektur der Jesuitenkirche weist auf die durch die Gegenreform veranlaßten Sparsamkeitsregeln hin. Sie besteht nur aus einem einzigen Schiff, mit acht Seitenkapellen, einschließlich der schönen und kostbaren Kapelle Johannes des Täufers, die Johann V. in Rom bestellte. Die im Lauf der Jahre hinzugefügte Ausstattung ist luxuriös. Es gibt ausgezeichnete Marmorarbeiten von Francisco de Matos, vergoldete Holzschnitzereien aus Manierismus und Barock und *Azulejos* aus dem 16. und 17. Jh. Das Deckengemälde wurde 1588 vollendet.
In der Nachbarschaft enthält ein kleines Museum kostbare Schätze und Meßgewänder aus der Kapelle Johannes des Täufers und die Portraits von Johann III. und der Königin Katharina, die Gregório Lopes zugeschrieben werden. Im Museum gibt es auch das *Buch mit den Regeln der Misericordia* und ein Gemälde, das die Hochzeit von König Emanuel mit Königin Leonore schildert und weitere bedeutende Werke.

Die Kirche des späten 16. Jh. São Roque am Largo Trindade Coelho, deren Fassade nach dem Erdbeben von 1755 erneuert wurde.

Die reich dekorierten Kapellen Nossa Senhora de Piedade und Nossa Senhora da Doutrina.

Nächste Seite: Ein Blick auf das Baixa-Viertel und das Castelo de São Jorge vom Belvedere bei São Pedro da Alcântara.

SÃO PEDRO DE ALCÂNTARA ELEVADOR DA GLÓRIA

Von der **Praça dos Restauradores** erklimmt man den steilen Hügel mit einer der für Lissabon typischen Kabelbahnen, diese hier nennt sich **Elevador da Glória**. Verschiedene Stadtteile von Lissabon werden mit diesem Transportmittel verbunden und auch mit Straßenbahnen, die die steilsten Hänge emporfahren. Während man zwischen den Häuserwänden emporgleitet, eröffnet jeder Meter Höhenunterschied Ausblicke auf Täler und Hügel. Die Glória-Kabelbahn bringt einen jenseits eines kleinen Platzes, der **Largo da Oliveirinha** heißt. Gegenüber liegt das **Portwein-Institut** in einem Palast von 1747. Dort kann man Portwein vom Douro-Fluß probieren.
Mit dem Rücken zum **Bairro Alto** (hochgelegenes Viertel) und auf halbem Wege zwischen den Plätzen Carmo und **Príncipe Real** öffnet sich von **São Pedro de Alcântara** ein Ausblick über die ganze Stadt. Zwischen den Bänken steht, als Erinnerung an frühere Zeiten, die kleine Bronzestatue eines Zeitungsjungen. Im Vordergrund, jenseits eines direkt unter uns gelegenen Gartens, erstrecken sich die Avenida Liberdade und die Dächer von Baixa. Rechterhand hebt sich die Kathedrale mit ihrem fast weißem Gestein vom Tejo ab. Auf dem gegenübergelegenen Hügel ragt stolz das **Kastell des hl. Georg** empor. In der Ferne erscheint die Kuppelspitze von Santa Engrácia.

Elevador da Glória (1885), eine der drei Kabelbahnen die Bairro Alto mit Avenida da Liberdade verbinden.

Das Belvedere von São Pedro de Alcântara.

AGFA

LINO
CELEIRO
CAPITAL
COMPRA
JOIAS
MOEDAS
SELOS
OURO
OBJECTOS
PRATA
OURO
Clinica Dentária
NUNO F. C. O'NEILL
ODONTOLOGISTA
DENTISTA
A BRASI

Vorhergehende Seiten:
S. 28-29, Panorama des Zentrums von Lissabon von São Pedro de Alcântara aus;
S. 30, Blick auf das Kastell São Jorge vom obersten Punkt der Calçada do Duque;
S. 31, die Calçada do Carmo leitet über zum Rossio, wo der Marmorpfeiler von 1870 mit der Statue König Peters IV. steht.

Die Kathedrale von Lissabon Sé erhebt sich in dem dicht bebauten Viertel südlich vom Kastellhügel.

Sé Patriarcal, eine festungsartige Kirche in romanischem Stil, auf Verlangen von König Alfons Heinrich im Jahr 1147 erbaut.

DIE KATHEDRALE SÉ

Wenn man an der Kirche Santo António vorübergeht und längs der Straßenbahnlinien weiter nach Alfama emporklettert, erscheint wie eine Festung mit zwei massigen, symmetrischen Türmen die Kathedrale. Über ihrem gewaltigen Portal befindet sich eine große Fensterrose, die ohne Zweifel dem romanischen Stil angehört. Fast von überall in der Altstadt sieht man die in den Himmel strebenden Zinnen der **Sé.**
Ein Gang um das Gebäude enthüllt den Reichtum an gotischen Stilelementen, wie die lanzettenförmigen Fenster und die aus blaßgelbem Stein gearbeiteten Bögen. Die eindrucksvolle Fassade der Kathedrale mit Vorhalle und zurückgezogenem Portal mit vier Bogenläufen erhebt sich wie ein Keil zwischen zwei Straßen. Sie ist von schlichten Häusern umgeben und wirkt so, als habe sie schon immer dort gestanden, aber man sollte sich trotzdem vor Augen halten, daß ihr Grundstein mindestens schon zu der Zeit gelegt worden sein muß, als die Christen Lissabon zurückeroberten.
Nachdem König Alfons Heinrich die Mauren auch aus Lissabon vertrieben hatte (1147), beschloß er die Stadt zu "reinigen" und eine katholische Kirche zu erbauen. An dem für die Kathedrale Santa Maria gewählten Standort läßt sich als Vorgängerbau eine Moschee vermuten, was jüngste Grabungen zu bestätigen scheinen. Es gibt auch die Theorie, daß vor dem moslemischen Heiligtum bereits eine christliche Kirche existierte. Wie dem auch sei, alles spricht dafür, daß man sofort mit dem Bau begann, daher auch der gedrungene romanische Stil, der eher an eine Festung als an eine Kirche denken läßt. Das kann man noch heute erkennen, trotz aller Reparaturen und Umbauten.
Die Sé hat die Widrigkeiten aller Zeitläufte überlebt und ist eng mit der Geschichte Portugals verbunden. Während des Erbfolgestreites (1383-138)5 spitzte sich das Mißtrauen der Bevölkerung gegen ihren Bischof, der angeblich mit Kastilien gemeinsame Sache machte, derartig zu, daß sie ihn aus dem Fenster des Nordturms stürzten. In der Chronik des Fernão Lopes wird berichtet, wilde Hunde hätten dann den Körper des Bischofs verschlungen.
Die Kathedrale wurde nach und nach in verschiedenen

Sé Patriarcal, der Südturm.

Der Chorumgang mit den strahlenförmig angelegten Kapellen.

Stilen errichtet, von denen nicht alle glücklich eingefügt sind. Ein **gotischer Kreuzgang** wurde am Ende des 13. Jh. unter der Herrschaft des Dichter-Königs Dionysius an die eigentliche Kirche des 12. Jh. angebaut. In der Mitte des 14. Jh. entstanden der **gotische Chorumgang** und die Umgangskapellen. Auch im Inneren der Kathedrale kam es zu Veränderungen, beispielsweise wurde der romanische Altarraum in gotischem Stil erneuert.
Das Erdbeben von 1755 zerstörte den Glockenturm über

Die bemerkenswerten Gräber (14. Jh.) von Maria Vilalobos und ihrem Ehemann Lopo Fernandes Pacheco, einem Offizier und Freund von König Alfons IV.

Die nördliche Galerie des Kreuzgangs mit Spitzbogengewölben.

Das Grab der Dona Margarida Albernoz in der Kapelle der Misericordia.

der Vierung und beschädigte auch den Südturm schwer. Die erst 1777 begonnenen Restaurierungsarbeiten verschandelten die Kathedrale, obwohl der Südturm und das Gewölbe wiedererrichtet wurden. Im **Inneren** fügte man Stukkaturen und andere modische Verzierungen hinzu, die dem Bau seine Feierlichkeit raubten. Am Ende des 19. Jh. kam es schließlich zur Restaurierung der mittelalterlichen, würdigen Form.

In der Vorhalle befinden sich zwei Grabsteine, der linke mit gotischen Lettern, der andere mit einer Inschrift in Latein. Beide erinnern an die Eroberung der Stadt durch die Christen. Im Inneren gliedert sich die Kirche in ein Mittelschiff mit Tonnengewölbe und zwei Seitenschiffe mit Kreuzgewölben. Der Wandelgang und die Kapellen am Chor gehören zu dem schönsten, was die Gotik in Portugal hervorgebracht hat. In den Kapellen findet man mittelalterliche Grablegen wie die der Unbekannten Prinzessin in der vierten Kapelle oder regelrechte Grabmonumente wie das des Dom Lopo Fernandes Pacheco, dem Favoriten von Alfons IV. und seiner Frau Dona Maria Vilalobos in der siebten Kapelle, mit Statuen und Wappen, alles aus Stein gehauen. Eine wertvolle Orgel des 18. Jh. steht rechts im Chor, bei Nachmittags- oder Abendkonzerten erfüllt ihr zauberhafter Klang die ganze Kirche.

Sé Patriarcal, die teilweise zerstörte, südliche Galerie des Kreuzgangs (13. Jh.).

Das Äußere einer gotischen Kapelle am Chorumgang.

Das obere Stockwerk des Kreuzgangs fügte man im 16. Jh. hinzu.

Der Chorumgang mit den strahlenförmig angelegten Kapellen vom Klostergarten aus.

Die Spuren der Zeit werden im Chor besonders deutlich. Die Gräber von Alfons IV. und Dona Brites sind moderne Nachbildungen der mittelalterlichen Originale, die beim Erdbeben von 1755 verloren gingen. Bei den Umwandlungen vom ursprünglich romanischen zum gotischen Stil kam es zu einer Erhöhung der Kathedrale. Die Wände schmückte man in der Mitte des 17. Jh. mit Holzschnitzereien und es gibt auch einige Elemente aus dem Barock, die sich allerdings nicht durch besondere Qualität auszeichnen. Abgesehen von den Ausgrabungen, die zur Zeit durchgeführt werden, um mehr über die Geschichte von Lissabon zu erfahren, erstreckt sich der wenig bekannte Kreuzgang der Sé in stiller Schönheit. Er liegt auf der Ostseite des Gebäudes. Die Rippengewölbe und auch die sonstige originale Ausstattung erinnert an den in absolute Stille gehüllten Kreuzgang des Klosters Alcobaça. Auch hier spürt man die Stille fast physich, sie scheint den Raum unter den Gewölben auszufüllen. In der Sakristei an der Nordseite (17.-18. Jh.) werden die vermutlichen Überreste des hl. Vinzenz aufbewahrt. Eine der gefälligsten Sehenswürdigkeiten der Kathedrale ist der Kirchenschatz, der aber nicht immer besichtigt werden kann.

Das Kastell São Jorge (5. Jh.) steht auf einem 110 m hohen Hügel über dem Baixa-Viertel.

Detailansicht der Stadt vom Aussichtspunkt auf der Terrasse.

CASTELO DE SÃO JORGE

Das **Kastell** liegt in strategischer Position auf einer Hügelspitze. Johann I. gab ihm diesen Namen zu Ehren seiner englischen Frau. Es handelt sich um die erste Verteidigungsanlage der Stadt, ihre Anfänge gehen auf die Zeit vor den Römern zurück. Nach den Römern lebten hier erst die Westgoten, dann die Mauren. Letztere bauten eine Stadtmauererweiterung, die man heute noch maurische oder alte Mauer nennt, um sie nicht mit der von König Ferdinand gebauten Mauer zu verwechseln. Das im 12. Jh. von den Christen eroberte Kastell erlitt in den folgenden Jahrhunderten verschiedene Umbauten, konnte aber seinen mittelalterlichen Charakter bewahren.

Das Kastell besteht aus drei Teilen, dem **Castelejo** (altes Kastell), der **Burg** und dem **Alcáçova Palast**, in dem die portugiesische Monarchie bis zu König Emanuel ihre Residenz hatte. Hier stellte Gil Vicente 1502, während der Feierlichkeiten nach der Geburt des späteren Königs Johann III., seinen *Monolog des Kuhhirten* vor, der als der Beginn des portugiesischen Theaters angesehen wird.

Beim Spaziegang auf den Schutzwällen sieht man fast ganz Lissabon, der Blick schweift von den Dächern von Baixa nach den Vierteln von Graça, Alfama, Muraria, Bairro Alto und noch weiter nördlich zu den "neuen Avenidas", der Gegend rings um Avenida da República. Hier und dort erkennt man die zahlreichen Monumente der Stadt, von der Sé bis hinüber zur Estrela-Basilika und hinauf zu den Ruinen der Carmo-Kirche. Jenseits des Flusses, nach dem sogenannten **Mar da Palha** (Strohmeer), wandert der Blick weit nach Süden. An klaren Tagen sieht man sogar die Arrábida-Hügel, ein Naturschutzgebiet, das reich an wildlebendem Getier ist.

Innerhalb des Kastells gibt es zwei Statuen, die unsere Aufmerksamkeit verdienen. Eine ist die des ersten portugiesischen Königs Alfons Heinrich, sie steht auf der *Praça d'Armas.* Die andere an der Nordseite erinnert an den Ritter Martim Moniz, der sich zwischen den Flügeln des Stadttors einquetschen ließ und, auf diese Weise sein Leben opfernd, dafür sorgte, daß die christlichen Truppen eindringen konnten.

Nach ihrer Niederlage erhielten die Mauren die Erlaubnis, sich in Lissabon anzusiedeln. Sie zogen in das schattige Nordviertel, das dann Mouraria hieß. Jahre später wohnten hier vor allem Juden und es galt als ein verrufenes Viertel, das sich aber einen besonderen Platz im Herzen der Bewohner eroberte, weil in seinen engen Gassen der mythische Fado-Sänger Severa geboren wurde. Es war der Maler Malhoa, der die Bohemien-Atmos-

Ein großartiger Blick über die Stadt vom Aussichtspunkt auf der Terrasse.

Blick Richtung Südwest über den Tejo.

Blick auf den Elevador de Santa Justa und die Carmo-Ruinen im dicht bebauten Baixa-Viertel.

phäre des 19. Jh. und insbesondere Severa zu verewigen wußte. Heute ist das Stadtviertel vor allem von Indern und deren Nachfahren bewohnt, die hier ihre Geschäfte betreiben. Die in der Musik von Amália Rodrigues gefeierte Mouraria braucht wohl keine weitere Einführung.
Zu den Sehenswürdigkeiten rings um das Kastell gehört auch die Costa do Castelo. Zwischen den mächtigen Mauern des 14. Jh. führt sie bis nach Baixa hinunter. An dem Weg dorthin gibt es zahllose Treppen und kleine Gassen mit Fenstern voller Geranien. Hier und in der umliegenden Gegend findet ein dem hl. Antonius gewidmetes Fest statt.
Im Inneren des Schloßgartens leben heute Schwäne, Pfauen und anderes Geflügel ihr friedliches Leben.

Die Kirche Santa Luzia (18. Jh.).

Miradouro de Santa Luzia liegt im Herzen des alten Alfama.

Brunnen am Belvedere von Santa Luzia.

Eine Keramiktafel an der Südwand von der Igreja de Santa Luzia bildet die Praça do Comercio vor dem Erdbeben von 1755 ab.

TERRASSE SANTA LUZIA

Lissabon ist eine Hügelstadt, die über dem Tejo gelegen ist. An manchen Stellen wirkt der Fluß so breit, daß man denkt, es handele sich um einen See. Von jedem Hügel aus bietet die Stadt eine völlig andere Perspektive.
Das **Santa Luzia Belvedere** findet man an einer herrlichen Stelle unter dem Kastell im Alfama-Viertel, dicht an der alten Burgmauer, in der Nähe von **Portas do Sol**. Der Terrassengarten ist ein ruhiger Ort, mit farbenfrohen Blumenbeeten, mitten im Herzen von Lissabon. Die Straße hinunterblickend sieht man die Kathedrale, weiter oben liegt Graça, jenseits davon das maurische Straßengewirr. Von der Terrasse führen kleine steile Gassen bis zu den Mauern von Saõ Jorge empor.
Die Terrasse Santa Luzia erstreckt sich vor der **Kirche São Brás**, die sich auch Santa Luzia nennt. Der Garten enthält lange Holzbänke und in eine Eckwand mit Weinspalieren eingelassene Bänke. Die Kirchenwand ist mit *Azulejos* verziert. Hier sitzt man sehr schön und hat gleichzeitig eine wundervolle Aussicht über fast das gesamte Mündungsgebiet des Tejo, vom "Strohsee" über Vila Franca de Xira bis hin zum westlich gelegenen Atlantik.
Gegenüber, auf der anderen Flußseite, reihen sich die Häuser und Werften von Cacilhas am Ufer aneinander. Die Fähren und großen Schiffe, die vor dem Ufer ankern, erglänzen als Spiegelbild im Wasser. Auf unserer Flußseite bilden die Dächer von Alfama ein vielfältiges Mosaik und man sieht links die **Kirche Santo Estêvão** und weiter unten am Fluß **São Miguel**. Ebenfalls linkerhand thront das weiße Gewölbe des nationalen Pantheons über den anderen Dächern.
An den Außenmauern der von Blumen eingefaßten Kirche São Brás beachte man zwei große Azulejo-Tafeln. Eines ist reich an Details und bildet das Terreiro do Paço zu Beginn des 18. Jh. noch vor dem Erdbeben ab, das andere schildert die Heldentat des Martim Moniz, während der Schlacht um Lissabon (1147): "Als die Mauren in großer Eile das Burgtor schließen wollten, sperrte sich Martim Moniz, ein furchtloser Portugiese, dazwischen, um den Durchgang offen zu halten und

Panoramaansicht des Alfama-Viertels, des Hafens und des Tejo vom Miradouro de Santa Luzia.

Die weiße Kuppel von Santa Engrácia inmitten der niedrigen Häuser von Alfama.

Die Igreja de Santo Estêvão wurde im 13 Jh. von König Dionysius gegründet und 1773 auf einem achteckigen Grundriß erneuert. Der nördliche Glockenturm stürzte nach dem Erdbeben von 1755 ein.

starb einen ruhmvollen Tod." In dem Garten befindet sich auch die Büste von Júlio Castilho, einem Historiker des alten Lissabon.

Wenige Meter unter der Terrasse betritt man nach der Überwindung einiger Steinstufen ein Straßencafé. Etwas weiter oberhalb, in der Nähe der **Museumsschule für dekorative Künste** steht ein zweites Café, das sich Portas do Sol nennt.

Das Höhere Institut für Gerichtswesen befindet sich zwischen der Kathedrale und dem früheren Limoeiro (Zitronenbaum) -Gefängnis. Im 18. Jh. war es das wichtigste Gefängnis von Lissabon, während es in früheren Zeiten als Königspalast diente. Hier tötete der Mestre de Aviz den Grafen von Andeiro und hier fand später Leonor Teles Zuflucht. Von diesen Fenstern aus beruhigte der Mestre de Aviz, der spätere König Johann I., das Volk. Josef I. restaurierte das vom Erdbeben stark beschädigte Gebäude. In der Nähe des Eingangs steht ein mächtiger alter Baum, der wahrscheinlich den ursprünglichen Zitronenbaum ersetzte.

Häuser mit schmiedeeisernen Balkonen sind für dieses alte Stadtviertel typisch.

Eine Kopfsteinpflasterstraße in Alfama.

Charakteristisch für das Alfama-Viertel ist sein Irrgarten von engen Gassen und alten Häusern.

ALFAMA

Dies ist eines der traditionsreichsten und ältesten Viertel von Lissabon, seine Geschichte reicht zurück bis zu den Arabern. **Alfama** kommt von dem arabischen Wort *al-hamma*, was heiße Quellen bedeutet. Alfama hat eine ausgesprochen maurische Anlage, es gibt viele Sackgassen, verborgene Innenhöfe und endlose Treppenaufgänge. Trotz des Erdbebens blieben die schmalen engen Straßen mit Häusern, deren Dächer sich fast berühren, erhalten.

Unter der muselmanischen Herrschaft diente Alfama überwiegend als Wohngebiet der Aristokratie. Nach dem Sieg von Alfons Heinrich zogen hier die Christen ein. Im 13. Jh. verdrängte die Zunahme der Bevölkerung die Juden aus dem heutigen Baixa-Viertel, so daß sie südlich von der Kathedrale Fuß faßten. Alfama verlor allmählich an Bedeutung und wurde zum Armenviertel, in dem vor allem Fischer wohnten.

Zu Beginn des 20. Jh. galt Alfama immer noch als “dreckig und laut”, erfüllt von “den Ausdünstungen der Armut”, so wurde es jedenfalls von einer “wimmernden und melancholischen Gitarre” besungen. Doch die Behauptung, daß Alfama und das benachbarte **Mouraria-Viertel** der Geburtsort des *Fado* seien, ist nicht ganz be-

Eine Grundschule in einem ehemaligen Stadtpalast.

Einer der wenigen Brunnen, die man in dem alten Viertel findet.

Alfama besteht aus engen Straßen, Sackgassen, verborgenen Innenhöfen und endlosen Treppen.

rechtigt. Wahrscheinlich stammt der *Fado* von einem in Brasilien bereits bekannten Tanz mit Einflüssen aus Portugal und Angola ab. Mit der Widerkehr von König Michael gewann er schnell größte Beliebtheit und wurde zu einer Art *portugiesischem Nationalgesang*. Viele Fado-Lokale wurden überall in der Stadt eröffnet, aber die Liberale Regierung ließ sie unter dem Vorwand des Verstoßes gegen öffentliche Moral wieder schließen, nur in Alfama und Mouraria durften diese Lokale weiter betrieben werden. Alfama erstreckt sich vom *Largo do Chafariz de Dentro* am Tejo-Ufer, in der Nähe vom *Dock Terreiro do Trigo*, bis hinauf zum Campo de Santa Clara in die eine Richtung und hinauf bis zum Castelo de São Jorge in die andere Richtung. Wer durch die unvorstellbar verwundenen Gassen spaziert, kann einige der wenigen in Lissabon noch erhaltenen Häuser des 15. Jh. sehen und in reicher Abwechslung merkwürdige Bögen, Türen und Fenster und Geländer aus Schmiedeeisen. Die zahllosen kleinen *Tascas* oder Bars und die letzten authentischen Tavernen mit und ohne Fado-Gesang sind noch immer die typischen Anziehungspunkte dieses alten Viertels. Während des beliebten *Heiligenfestes* von Alfama verwandeln die Bewohner ihren ganzen Stadtteil, in jeder Straße werden Dekorationen angebracht und an Verkaufsständen gegrillte Sardinen und Wein verkauft.

DA
FIGUE RA

IGREJA DE SÃO VICENTE DE FORA

Die Kirche ist eines der wichtigsten religiösen Monumente der Stadt und man sieht sie von überall in Lissabon. Ihr weißer Kalksteinbau hebt sich klar von den ziegelroten Dächern in ihrer Umgebung ab.
Alfons Heinrich baute diese Kirche als erste nach der Niederlage der Mauren (1147) und zwar dort, wo die flämischen und deutschen Kreuzfahrer ihr Feldlager aufgeschlagen hatten. Damit erfüllte der erste portugiesische König ein Gelübde, das er während der zwölfwöchigen Belagerung dem hl. Vinzenz zu Ehren abgelegt hatte. Die heutige Kirche ist nicht die ursprüngliche des König Alfons, sie wurde von dem spanischen König Philipp II. abgerissen und zwischen 1582 und 1627 in einem völlig anderen Stil neu errichtet. Nach 1895 erlitt das zweite Gebäude seinerseits Umbauten, da die durch das Erdbeben im vorausgegangenen Jahrhundert verursachten Schäden behoben werden mußten. Man nimmt an, daß der Entwurf für die Kirche des 16. Jh. von Filippo Terzi stammt, der zusammen mit dem Architekten des Escorial Juan de Herrera arbeitete. Der Bau kam jedoch so langsam voran, daß nach und nach noch we-

Denkmal des hl. Vinzenz (1970) am Largo das Portas do Sol.

Die Igreja de São Vicente de Fora steht auf einem Hügel östlich von Alfama.

Die mächtige Spätrenaissance-Fassade von São Vicente de Fora.

nigstens ein halbes Dutzend weitere Architekten in die Planungen verwickelt wurden. Der außergewöhnliche Hochaltar stammt von dem Bildhauer Machado de Castro (18. Jh.).
Die **Kirche São Vicente** trägt den Zusatz *fora*, was draußen bedeutet, weil sie außerhalb der von den Goten errichteten Stadtmauern liegt. Trotz ihrer zahlreichen Abänderungen bleibt sie in ihrer schlichten Harmonie ein feines Beispiel für den manieristischen Stil. Der Mittelteil der Fassade endet in einer Balustrade und ist von zwei identischen Glockentürmen flankiert.
Breite Stufen führen zum Eingang hinauf, der aus drei Rundbögen besteht. Nischenfiguren schmücken die Fassade, die drei Statuen in der Mitte sind der hl. Sebastian, der hl. Augustin und der hl. Vinzenz.
Der **Innenraum** ist relativ klein, aber sehr ausgewogen und kann durchaus mit den anderen klassischen Kirchen von Lissabon wetteifern. Das kassettierte Tonnengewölbe aus schwarzem und weißem Marmor rundet sich über dem einschiffigen Raum. Es wird von sechzehn Pfeilern getragen, zwischen denen die großen Fenster Licht hereinfluten lassen.
Unter den Kapellen der Kirche beachte man die **Kapelle Nossa Senhora da Conceição** wegen ihrer reichen Dekoration aus dem Jahr 1698. In der Kapelle des hl. Antonius besagt der Epitaph des Grabsteines, daß hier die Gebeine seiner Mutter Teresa Taveira ruhen. Dort findet

Der Altar des hl. Vinzenz und sein beeindruckender barocker Baldachin.

Einer der beiden kleinen Kreuzgänge mit Azulejos des 17. Jh., mit historischen und weltlichen Darstellungen.

Der wunderschöne Portaria-Saal mit Keramiktafeln des 18. Jh., die die Eroberung von Lissabon und den Bau von São Vicente de Fora wiedergeben.

Portrait von König Sebastian in der Sala da Portaria.

Nächste Seiten: An den Klosterwänden Szenen mit Brauchtum und Alltagsleben auf den typischen Azulejos des 18. Jh.

man auch das Grab des Henrique Alemão, ein deutscher Ritter, der während der Belagerungskampagne gegen die Mauren starb.
In der Vorhalle des Klosters gibt es eine wertvolle Sammlung von *Azulejo*-Kacheln aus der ersten Hälfte des 18. Jh. Sie stellen Szenen mit der Einnahme von Lissabon und Santarém dar und wurden von Manuel dos Santos gemalt. Das Deckengemälde gestaltete 1710 Vicente Baccarelli, es stellt den Triumph der Kirche über die Manichäer dar. Die Sakristei enthält kostbare Dekorationen aus verschiedenfarbigem Marmor. Den Kreuzgang schmücken bemalte Kacheln mit höfischen Darstellungen und Szenen aus den Fabeln La Fontaines. Man beachte auch die wundervolle Orgel, ein Meisterwerk des 18. Jh.
Ferdinand II. veranlaßte 1855, daß das frühere Refektorium als Gruft des Königshauses Bragança eingerichtet wurde. In der Tat haben hier mehrere Monarchen ihre letzte Ruhestätte gefunden.

CANO

Kirche und Kloster Nossa Senhora da Graça liegt auf einem Hügel nordöstlich vom Kastell des hl. Georg.

Die barocke Fassade und der alleinstehende Glockenturm.

IGREJA DE NOSSA SENHORA DA GRAÇA

Auch wenn es das Gebäude schon seit dem Jahr 1271 gab, so hat sich doch von der mittelalterlichen Bausubstanz nichts erhalten, denn in der Mitte des 16. Jh. erstellte man einen Neubau. Im 18. Jh. kam es zu einer Restaurierung, nach dem Erdbeben wurde umfassend saniert und zwischen 1896 und 1905 erfolgte eine vollständige Restaurierung. Das von den Augustinern gegründete Kloster wurde zweimal verlegt, ehe man es an der heutigen Stelle errichtete. Das Kloster war das Hauptordenshaus, konnte 1500 Personen aufnehmen und galt als der reichste Konvent von Lissabon. 1834 übergab man die Kirche der Bruderschaft Senhor dos Possos, die die beliebtesten religiösen Prozessionen von Lissabon organisierte. Das Kloster wurde damals als Kaserne säkularisiert. Die heutige einschiffige Kirche entwarf Caetano de Sousa. Es gibt Gemälde von João Vaz, Eloi de Amaral und Pereira Cão. Die mit *Azulejos* des 17. und 18. Jh. geschmückten Wände verdienen besondere Aufmerksamkeit, insbesondere diejenigen am Eingang zur und die in der Sakristei. Auch Teile des ehemaligen Klosters sind mit Kacheln geschmückt. Die **Fassade** erhebt sich über einer Terrasse mit einem großartigen Panorama. Sie steht rechtwinklig zur alten Vorhalle, welche von dem berühmten **Glockenturm** des Manuel Costa Negreiros (18. Jh.) bekrönt wird.

Der bekannteste Flohmarkt von Lissabon findet auf dem Campo de Santa Clara bei der Kirche São Vicente de Fora statt.

FEIRA DA LADRA

Die **Feira da Ladra** oder Diebesmesse wird seit 1882 jeden Dienstag und Freitag auf dem weitläufigen Campo de Santa Clara abgehalten. Die Verkaufsstände umgeben den gleichnamigen Markt, der sich zwischen der Rückseite von São Vicente de Fora und dem nationalen Pantheon erstreckt. Die Anfänge dieser Messe reichen jedoch sehr viel weiter zurück, auf die Zeit der Rückeroberung von Lissabon. Unter den Theorien, die diesen Namen erklären, scheint die folgende am ehesten wahrscheinlich: Das Wort *ladra* oder Dieb könnte aus *lada* oder Seite hervorgegangen sein, denn der Flohmarkt wurde zunächst an der Uferseite des Tejo abgehalten. Es gibt aber auch andere Geschichten, die von einem weniger rechtmäßigen Beginn dieses Marktes berichten. Der heutige Markt spielt sich an Stelle eines franziskanischen Klosters ab, das einst König Dionysius gründete. Es wurde durch das Erdbeben völlig zerstört und begrub mehr als vierhundert Menschen unter sich. Heute tummeln sich hier zweimal die Woche Händler, Käufer und Schaulustige. Es gibt eine große Auswahl an Objekten aller Art, manche von etablierten, andere von fliegenden Händlern. Man kann auch neue Waren finden wie Kleidung, Fernseher, Radios, Möbel oder elektrische Haushaltsgeräte, aber auch antiquarische Objekte und Raritäten wie Maschinenteile, Uhren, Zeitschriften und Bücher. Mit Geduld und Geistesgegenwart erzielt man gute Abschlüsse, denn es gibt keine Festpreise.

Die Kirche Santa Engrácia hat den Grundriß eines griechischen Kreuzes und wurde 1682 begonnen.

Die Kuppel schloß man erst 1966 ab und seit damals ist die Kirche das nationale Pantheon.

Die Kuppel ruht auf Hängezwickeln zwischen vier Halbkuppeln; ein Blick ins Innere vom Tambour der Kuppel aus.

IGREJA DE SANTA ENGRÁCIA - NATIONALES PANTHEON

Die im 16. Jh. gegründete und im darauffolgenden Jahrhundert nochmals erbaute **Kirche Santa Engrácia** ist ein eindrucksvolles Beispiel für den Barock des 17. Jh. Man merkt hier den starken Einfluß Italiens auf die barocke Baukunst Portugals.
Das heutige Gebäude ersetzt die von der Tochter König Emanuels, Infanta Maria, errichtete Kirche. Sie wurde 1630 abgerissen, nachdem man entdeckt hatte, daß der Jude Simões Pires Solis, der ungerechterweise verbrannt worden war, weil er angeblich aus dem Tabernakel gestohlen hatte, selbst unter der Folter seine Liebe zu einer der Nonnen des Klosters Santa Clara verborgen hatte.
Der Neubau begann nach einem Entwurf von João Nunes Tinoco, doch erst 1682 kamen die Arbeiten etwas schneller voran, nachdem der Architekt João Antunes die Leitung übernommen und auch den Entwurf überarbeitet hatte. Die monumentale Anlage verrät den Reichtum, dessen sich Portugal unter der Herrschaft von Johann V. erfreute, doch blieb sie bis 1966 unvollendet. Man wagte es nicht, die Kuppel des ursprünglichen Entwurfs auszuführen, weil sie als zu schwer erachtet wurde. Erst vor etwa drei Jahrzehnten beschloß das *Amt für die nationalen Monumente* eine etwas kleinere Kuppel auf das Gebäude zu setzen.
Daher rührt der Ausspruch "como as obras de Santa Engrácia" (wie der Bau von Santa Engrácia), wenn etwas niemals fertig wird.
Der quadratische Grundriß der Kirche umfaßt ein griechisches Kreuz mit abgerundeten Armen, die Ecken bilden vier mächtige, gestutzte Türme, die an die Peterskirche in Rom erinnern. In der Eingangshalle ist ein wundervolles Portal mit gewundenen Säulen in rosa Mamor zu bewundern, entworfen von dem Franzosen Claude Laprade.
1916 wurde die Kirche als **nationales Pantheon** ausgewiesen, doch erst fünfzig Jahre später diente es tatsächlich diesem Zweck, nachdem einige Gräber aus dem Jerónimos-Kloster hierher umgebettet worden waren. Gleichzeitig restaurierte man den Fußboden und die Statuen, die außen und innen das Gebäude schmücken.

An der Kirche Madre-de-Deus (1509), die nach dem Erdbeben von 1755 neu errichtet wurde, hat sich ein manuelinisches Portal des Originalgebäudes erhalten.

Das Nationale Kachel-Museum ist in den Klostergebäuden der Igreja da Madre-de-Deus untergebracht.

Der manuelinische Kreuzgang.

MUSEU NACIONAL DO AZULEJO

Das Museum ist in dem ehemaligen, von Königin Leonore 1509 gegründeten **Kloster Madre-de-Deus** in Xabregas untergebracht. Noch beim Bauen bedrohte der Fluß über lange Zeit und aus nächster Nähe die Gläubigen und die mühevolle Arbeit. Mehrere Veränderungen und Restaurierungen fanden im Lauf der Zeit statt, vor allem unter König Johann III. und im 18., aber auch im 19. Jh., als die zerstörte manuelinische Fassade vom Architekten João Maria Nepomuceno rekonstruiert wurde.
Das Hauptportal verzieren kleine, spiralförmige Säulen, die von Fialen und dreipassigen Bögen bekrönt werden. Man erkennt auch die Embleme des Garnelennetzes und des Pelikans, Abzeichen der Gründerin und ihres Ehemannes König Johann II. In Wirklichkeit handelt es sich um eine Replike des originalen, zerstörten Portals nach den Altartafeln von Santa Auta, auf denen die frühere Kirche im Hintergrund erscheint.
Das Kloster enthält glanzvolle Beispiele aus der Geschichte der religiösen Kunst und natürlich *Azulejo*-Kacheln. Auch die **Kirche Madre-de-Deus**, eine der schönsten von Lissabon, gehört dazu. Sie ist in ihrem Inneren mit reich vergoldeten Holzschnitzereien verziert und man kann dort schöne Gemälde und weiß-blaue Keramiktafeln aus Holland bewundern. Die Räumlichkeiten des Klosters haben sich im Lauf der Zeit um die beiden Kreuzgänge gruppiert. Dort und in dem Museum kann man die gesamte Geschichte der portugiesischen *Azulejos* verfolgen.
Das eigentliche Museum gibt es noch nicht so lange. In der Folge der Vorbereitungen für eine Ausstellung über Königin Leonore, die Gründerin des Klosters (1959), konkretisierte sich die Idee, das Kloster, das bereits viele *Azulejo*-Tafeln besaß, in ein regelrechtes Keramik-Museum umzuwandeln. Die Eröffnung erfolgte 1965 unter der Direktion von João Miguel Santos, einem Spezialisten auf diesem Gebiet, mit Hilfe der Calouste Gulbenkian Foundation.
In den ersten Jahren galt das Museum lediglich als eine Abteilung des Nationalmuseums für Alte Kunst. Der Hauptteil seiner Erwerbungen waren Kacheln aus der Zeit vor dem 19. Jh. In der Tat befanden sich die Azulejos aus dem 19. Jh. fast alle noch an den Fassaden privater Häuser und nur die Besitzer konnten sie weiterverkaufen. 1980 erhielt dieses Museum selbst den Status eines Nationalmuseums, es wurde von Grund auf reorganisiert und man erforschte systematisch die Geschichte

Detail des Terreiro do Paço von einer Keramikplatte, die Lissabon vor dem Erdbeben von 1755 darstellt (Höhe 111,5 cm).

Polychrome Azulejo-Tafeln von Nossa Senhora da Vida (1580), zusammengesetzt aus 1384 Kacheln mit der Geburt Christi, 500x465 cm.

Wappen der Herzöge von Braganza (1558), 27 x 54 cm.

dieser typisch portugiesischen Kunstform, wobei jetzt auch Exemplare aus der zeitgenössischen Kunst berücksichtigt werden. Das Museum zeigt, von der Vorgeschichte bis zum heutigen Tag, wie sich diese fünftausend Jahre alte Kunst in Portugal entwickelte, ausgehend von der glasierten Keramik aus Granada und der *Cuerda-Seca*-Technik spanisch-arabischer Kacheln. Dabei werden uns die wichtigsten Techniken und Herstellungsverfahren vor Augen geführt. Keramikplatten fanden in verschiedenen europäischen Ländern bereits früher als in Portugal Verwendung, doch in diesem Land wurden sie erst zu einer wirklich stilbildenden Dekorationsform. In ihrer jahrhundertelangen Entwicklung trugen sie zur Verschönerung und Steigerung anderer Kunstformen bei, insbesondere im Zusammenwirken mit der Architektur. Die portugiesischen Azulejos unterlagen verschiedenen Einflüssen, was man im Museum leicht nachvollziehen kann. Erst im 16. Jh. erwarben die Kacheln typisch portugiesische Merkmale. Von da an wurden sie in großem Umfang eingesetzt und es gibt fast kein einziges bedeutendes Gebäude, das nicht wenigstens an einer Stelle mit Kacheln dekoriert ist. Die italienische Renaissance gehörte zu den ersten europäischen Kunstformen, die bis in die iberische Halbinsel vordrang, dann folgten stilistische Einflüsse aus Sevilla und Talavera in Spanien, wo die frühesten Imitationen von kostbaren Stoffen und Altar-Frontalen hergestellt wurden, also Kopien in Keramik von wertvollen Stoffdrapierungen, wie sie normalerweise in Kirchen die Altäre verkleiden. Im Museum finden sich auch orientalische und flämische Arbeiten, insbesondere die Keramiken des 16. und 17. Jh. aus den Niederlanden verdeutlichen die Weiterentwicklung der Kacheldekoration. Das gilt sowohl für hochentwickelte Malereien als auch für bescheidene handwerkliche Produkte. Die verschiedenen Farben, die bis zum Ende des 17. Jh. Verwendung fanden, bezeugen die Befreiung von den stereotypen Mustern in Manganfarben und von den rein blau-weißen Fayencen nach flämischem Vorbild, als die Keramikmeister in erster Person begannen, ihre Motive zu erfinden. Im 18. Jh. wurde die portugiesische Azulejo-Fayence wirklich zu einer etablierten Kunstform. Die Taschen vieler Personen waren mit brasilianischem Gold gefüllt und die weltliche Architektur dieser Zeit übertraf manchmal sogar den Glanz der Sakralbauten. Unter den Künstlern, die mythologische Darstellungen, Episoden aus dem nationalen Befreiungskampf und - typisch für den Barock - Genreszenen malten, verdient António de Oliveira Bernardes besondere Erwähnung. Das Museum bewahrt mehrere dieser Szenen, die das alltägliche Leben als die wichtigste Kunst verherrlichen. Sie sind mit Vorhängen ausstaffiert, die wie auf einer Bühne den

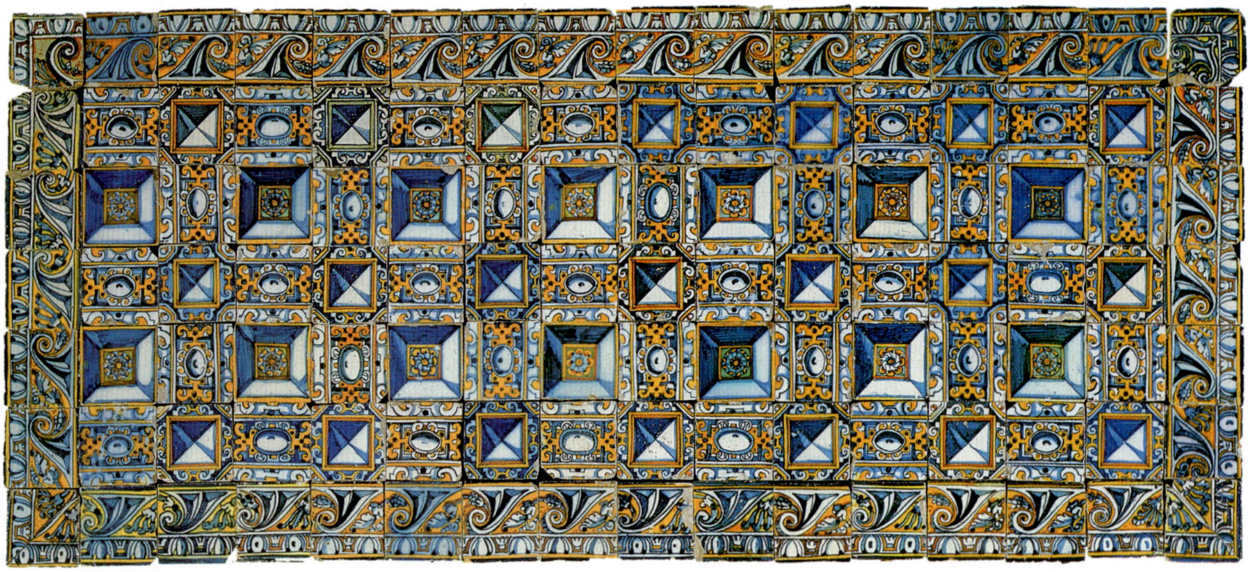

Keramikplatte mit einem Diamantenmotif (17. Jh.), 209,7 x 95,7 cm.

Blick auf Jagdszenen, höfisches Leben, geschichtliche Ereignisse und Landschaften freigeben.

Unter den zahlreichen Ausstellungsstücken befinden sich auch die bekannte Altartafel des 16. Jh., von der angenommen wird, daß sie *Nossa Senhora da Vida* gewidmet ist und eine Panorama-Ansicht von Lissabon. Erstere wurde, wahrscheinlich von Marçal de Matos, in *Majolika*-Technik aus 1.384 vielfarbigen Kacheln zusammengesetzt, die eine fast quadratische Oberfläche von 23 m² bedeckt. Der hl. Gabriel, die Maria der Verkündigung, die Anbetung der Hirten, der Evangelist Johannes und der hl. Lukas sind alle auf dieser manieristischen Tafel versammelt. Das Panoramabild von Lissabon zeigt die Stadt in allen Details zwischen Cruz Quebrada und Xabregas, noch vor dem großen Erdbeben. Es besteht aus 1.300 blauen und weißen Keramikkacheln und ist etwa 23 m lang. Das Museum besitzt auch Exemplare von Azulejos aus der Zeit nach dem Erdbeben, die einfacher gehalten sind und bestimmte Motive wiederholen. Am Ende des 18. Jh. tauchte wieder mehr Farbe in den Keramiken auf und das ist bis heute so geblieben. Berühmte Künstler des 19. Jh. wie Jorge Colaço und Rafael Bordalo Pinheiro beschäftigten sich nur flüchtig mit Kacheln und bevorzugten andere Techniken, aber im 20. Jh. erwachte ein neues Interesse für diese Kunstform. Zu den bekanntesten portugiesischen Künstlern der Gegenwart, die Keramiken geschaffen haben, zählen unter anderen Jorge Barradas, Maria Keil, Almada Negreiros, Cargaleiro, Querubim Lapa, Carlos Botelho, Sá Nogueira, Júlio Pomar, Eduardo Nery, João Abel Manta, Lima de Freitas und Vieira da Silva. Ein Beispiel für das erneuerte Interesse an *Azulejos* sind die in zeitgenössischer Manier dekorierten Kacheln in den Untergrundbahnhöfen.

Typische, gemusterte Keramiktafel des 17. Jh. mit einer religiösen Darstellung, 240 x 141,5 cm.

Blumenvase auf einer Tafel aus dem ehemaligen Kloster Nossa Senhora da Esperança, Lissabon (17. Jh.), 185 x 142 cm.

Casa dos Biscos (1523), eine für Lissabon seltene Renaissancearchitektur.

Ein schönes manuelinisches Portal der Igreja da Conceiçao Velha, gebaut im frühen 16. Jh.

Detail des Trumeau und der reich gestalteten Bogenlaufstützen.

CASA DOS BICOS

Die **Casa dos Bicos** - das Haus der spitzen Steine - wurde in der ersten Hälfte des 16. Jh. an der Stelle gebaut, wo die Residenz der Famile des Afonso Albuquerque (1460-1515), des berühmtesten portugiesischen Vizekönigs von Indien, gestanden hatte. Den Bau errrichtete des Vizekönigs Sohn, der auf den Namen Brás getauft worden war, aber später als Afonso bekannt wurde, wie der König Emanuel verfügt hatte, dessen Ratgeber er war, damit der Name des Vaters erhalten bliebe.
Das Gebäude ist eine der wenigen weltlichen Architekturen des 16. Jh. in Lissabon. Die ungewöhnliche Fassade ähnelt mit ihren diamantförmig gemeißelten Spitzquadern der *Casa de los Picos* in Segovia und dem *Palazzo dei Diamanti* in Ferrara, die beide im gleichen Zeitraum entstanden. Der stolze Brás (Afonso) wählte einen Bauplatz für sein einzigartiges Haus am Ufer des Tejo, wo die mit Seide und Gewürzen aus dem Orient reich beladenen Schiffe direkt anlegen konnten. Das Gebäude besaß ursprünglich vier Geschosse und bedeckte ein großes Areal, aber das Erdbeben ließ nur zwei Stockwerke übrig. Mit der Zeit zog sich dann der Fluß weiter zurück.
Die Casa do Bicos wird auch *Casa dos Diamantes* genannt. Ab 1980 begannen umstrittene Planungen für die Erneuerung der Gebäudestruktur, die damit endeten, das wieder zwei Stockwerke mit großen Bogenfenstern hinzugefügt wurden.
Diese Fenster erhielten später eine Verglasung, so daß der Bau als eines der Zentren für die Ausstellung europäischer Kunst, Wissenschaft und Kunst benutzt werden konnte, die 1983 zwischen Mai und Oktober stattfand. Heute beherbergt die Casa dos Bicos die *Nationale Kommission zum Gedenken an die portugiesischen Entdeckungen.*
Nahebei erhebt sich die **Kirche Conceiçao Velha**, die König Emanuel auf Bitten von Königin Leonore am Standort einer ehemaligen Synagoge bauen ließ. Sie ist der gnadenreichen hl. Jungfrau gewidmet. Ihre Architektur im manuelinischen Stil entwarf derselbe Künstler, der auch das Jerónimos-Kloster schuf. Wie in den Geschichtsbüchern überliefert wird, erfreute sich diese Kirche besonderer Schönheit, allerdings ließ das Erdbeben von ihr wenig übrig. Heute stehen noch die Sakramentskapelle (Ende des 16. Jh.) und Teile des von zwei Fenstern flankierten Südportales, das an den Eingang des Jerónimos-Klosters am Tejo erinnert.

Die Basilika da Estrela baute Königin Maria I. zwischen 1779 und 1790 in spätbarockem Stil.

Die mächtige Fassade des Palacio da Ajuda (1802).

BASILICA DA ESTRELA

Die in klassizistischem Barock gebaute Herz-Jesu-Basilika - bekannt als Basilica da Estrela - ist eines der letzten Werke der Schule von Mafra und eines der wichtigsten Baudenkmäler des 18. Jh. in Lissabon.
Die Kirche enstand zwischen 1779 und 1789, nach einem Entwurf von Mateus Vicente de Oliveira. Nach dessen Tode (1786) übernahm Reinaldo Manuel die Bauleitung. Mit dem Bau der Kirche erfüllte Königin Maria I. ein Gelübde, denn sie hatte im Namen des Herzen Jesu um einen Sohn als Thronfolger gefleht. Die Königin wurde später in der Basilika beigesetzt.
Die **Hauptfassade** ist dreigeteilt, der zentrale Teil trägt ein Tympanon. Über vier Säulen erheben sich die Statuen des Glaubens, der Anbetung, der Freiheit und der Dankbarkeit, Arbeiten aus der Werkstatt des Machado de Castro, dem Bildhauer, der auch das Basrelief an der Fassade schuf.
Da alle Künstler aus der Schule von Mafra hervorgingen, zeigt das gesamte Monument eine wohltuende stilistische Einheitlichkeit und Harmonie. Der Innenraum ist von erstaunlichen Ausmaßen und mit erlesenen Materialien verkleidet. Besonders interessieren die *Geburt Christi* und das Grabmal aus schwarzem Marmor, das für den Beichtvater von Maria I., *Bruder Inácio de São Caetano* geschaffen wurde, wahrscheinlich ebenfalls von Machado de Castro.

AJUDA-PALAST

Der Alte Palast, zunächst aus Holz gebaut, um vorübergehend die königliche Familie aufzunehmen, wurde nach dem Erdbeben von dem Ribeira-Palast abgelöst. Er hatte eine bewegte Geschichte. 1794 zerstörte ihn ein Feuer. Der Neubau begann nicht früher als 1802 und dauerte bis zum Ende des 19. Jh. an. Im Jahr 1976 vernichtete eine Feuersbrunst die von König Ludwig geschaffene Gemäldegalerie.
Die ursprünglichen Pläne des Gebäudes zeichnete Francisco Xavier Fabri, sie wurden aber mit zahlreichen Varianten ausgeführt, viele von ihnen gehen auf Manuel Caetano de Sousa zurück. Die gewaltige **Kalksteinfassade** - die Pläne sahen vier Fassaden dieser Art vor - hat in der Mitte drei große Fenster über dem Eingangsportal, das von dorischen Säulen unterteilt ist. Die Eingangshalle schmücken siebenundvierzig Marmorstatuen in italienischem Klassizismus, drei von ihnen schuf Machado de Castro, die anderen gestalteten sechs weitere Bildhauern. Einige der bekanntesten Künstler der damaligen Zeit malten die Wand- und Deckengemälde. Das Innere des Palastes ist mit wundervollen portugiesischen Kunstwerken ausgestattet, die meisten stammen aus dem 19. Jh.

Der Haupteingang des Museu Nacional de Arte Antiga führt in den ursprünglichen Palast des 17. Jh.

MUSEU NACIONAL DE ARTE ANTIGA

Es ist nicht bekannt, wer den Palast der Grafen von Alvor aus dem 17. Jh. entwarf. Die hochadlige Familie Távoras spielt in der Geschichte des Gebäudes ebenfalls eine Rolle, aber alle ihre Mitglieder wurden mit erstaunlicher Grausamkeit vom Marquês de Pombal liquidiert. Der Marquês war wohl ebenso an dem Bau interessiert wie sein Bruder, der ihn dann für sich erwarb. Auch das Karmeliterkloster Santo Alberto, das in der Nachbarschaft stand, wurde dem Palast hinzugeschlagen, nachdem man es 1937 erneuert hatte. Der Palast diente damals schon als Nationalmuseum für Alte Kunst. Die museale Verwendung begann eigentlich bereits 1884 unter dem Namen *Königliches Museum für Schöne Künste und Archäologie*, denn es war unaufschiebbar geworden, die Kunstschätze, die durch die liberale Revolution zum Vorschein kamen, irgendwo unterzubringen.
Im Jahr 1868 hatte der Marquês de Sousa Holstein die notwendigen Erneuerungsbauten mit viel Energie und Enthusiasmus eingeleitet, denn er ertrug nicht mehr die verantwortungslose Vernachlässigung der kostbarsten Kunstwerke. Damals lagerten die Werke in der Nationalgalerie der Akademie, die aus dem Kloster São Francisco hervorgegangen war. Die Sorgen des Marquês waren keinesfalls unberechtigt, wahllos übereinandergestapelt blieben sie dem Zugriff wenig gewissenhafter Besucher ausgesetzt, ganz zu schweigen von Schäden die Feuchtigkeit, Staub, Schimmel und andere Plagen verursachten.

Trotz der lobenswerten Initiative des Marquês ließ die Situation dennoch viel zu wünschen übrig. 1875 stand er einer Kommission vor, die die Gründung eines Museums verlangte. Sechs Jahre später nahm man das Projekt mit Hilfe des Vizeinspektors der Akademie Delphim Guedes endlich in Angriff und mietete 1879 den Palast der Grafen von Alvor, der auch Janelas Verdes (grüne Fenster) genannt wird. Es bestand die Absicht, hier eine Ausstellung für ornamentale Kunst einzurichten, die bereits mit großem Erfolg in London stattgefunden hatte. Als sie dann 1882 gezeigt wurde, errang sie mit 100.000 Besuchern auch in Lissabon ein gutes Echo.
Das *Museum für Schöne Künste und Archäologie* wurde wie gesagt im Jahr 1884 eröffnet und erfuhr 1910 eine Neuordnung. José de Figueiredo leitete die richtungsweisende Neugestaltung der Ausstellungssäle und berücksichtigte dabei vor allem die Hängung der Gemälde.
Ein Jahr später schuf man zwei Abteilungen, das **Nationalmuseum für Alte Kunst** und das Nationalmuseum für Zeitgenössische Kunst, wobei das Museum für Alte Kunst in Janelas Verdes verblieb. Wegen seines Reichtums an Kunstschätzen hat das Museum von Anfang an viele weitere Museen hervorgebracht wie z.B. das Kutschen- und das Kostümmuseum. Doch das "Muttermuseum" enthält auch heute unzählige Kostbarkeiten der Kunst aller Zeiten, ist in der Tat immer noch eine vielfältige Einheit, so daß jeder Besuch zu einer kleinen Weltreise gerät, vom

Das Triptychon "Versuchung des hl. Antonius" (um 1500), Ölgemälde auf Holz von Hieronymus Bosch.

"Hl. Hieronymus" (1521), ein Ölgemälde auf Holz von Albrecht Dürer, 59,5 x 48,5 cm.

fernen Orient mit chinesischem Porzellan oder der **Namban-Stoffmalerei**, durch die die Maler des fernen Japan den Portugiesen ihr Zusammentreffen vermittelten, bis zurück nach Europa und Portugal, mit einer Kunst, die von anderen Kulturen beeinflußt wurde, als die Entdeckungsreisen in Asien und Afrika begannen.
Das Museum bewahrt ein reiches Erbe: Gemälde, Skulpturen, Möbel, Kunsthandwerk aus Keramik und Glas, Teppiche, Elfenbeinschnitzereien und wundervollen Schmuck. Die Blütezeit des Königtums spiegelt sich sowohl in einheimischen als auch in fremden Kunstwerken wider; die aus- und inländische Kunst überspannt einen Zeitraum von acht Jahrhunderten. Die religiöse Thematik nimmt eine dominierende Stellung ein, weil ihr größere Aufmerksamkeit galt als den weltlichen Schöpfungen.
Das eindrucksvollste ausländische Exponat ist das **Germain-Service**. Allerdings handelt es sich um eine Kopie des originalen Services, das von Johann V. bei dem berühmten

französischen Porzellan-Künstler Thomas Germain bestellt worden war. Thomas erbte Name und Talent von seinem Vater Pierre Germain, der dem Sonnenkönig Ludwig XIV. als Goldschmied diente. Das originale Service ging während des Erdbebens von 1755 verloren. Josef I. gab das heutige Service bei François-Thomas Germain, dem Sohn von Thomas in Auftrag, doch wurde die Arbeit niemals ganz fertig, weil, neben anderen Problemen, der Künstler bankrott ging. Dennoch verwendete man das Service mit großem Pomp zum ersten Mal am 13. Mai 1777 anläßlich der Krönung von Maria I.
Von den zahlreichen glänzenden und seltenen Kunstwerken der Sammlung sind einige auch geheimnisvollen Ursprungs, wie die berühmten Ögemälde auf Eichenholz von São Vicente de Fora, Meisterwerke der portugiesischen Kunst des 15. Jh., die Nuno Gonçalves zugeschrieben werden. Einige Fragen blieben bisher unbeantwortet, man weiß z.B. nicht, wer die auf den sechs Tafeln dargestellten Personen sind. Der Künstler malte zweimal den Heiligen zwischen dreiundfünfzig Männern, zwei Frauen und einem Jungen, insgesamt sechzig Figuren. Dieses wundervolle Werk ist in der portugiesischen Kunst einmalig, es ähnelt keiner der vorausgegangenen Schulen und wurde von keinem späteren Künstler kopiert.
Das Museum spiegelt die Gesellschaft Portugals vom 15.

"Tafelbild mit Heinrich dem Seefahrer", eine von sechs Tafeln, die Nuno Gonçalves zugeschrieben werden; von dem Polyptychon (15. Jh.) des Klosters São Vicente de Fora, 207 x 128,5 cm.

Ein Namban-Wandschirm (1593-1600; Tempera auf Papier) mit der Ankunft der Portugiesen in Japan, 178 x 366 cm.

bis zum 19. Jh., denn die Kunst veranschaulicht in biblischen Szenen auch die Sorgen und Anliegen der Menschen, wie etwa die Schrecken der Inquisition. Dazu betrachte man die *Inferno*-Darstellungen eines unbekannten Meisters des 15. Jh. mit den schonungslosesten Akten der gesamten portugiesischen Kunst. Die Überfülle an Gemälden mit religiöser Thematik bezeugt die Macht der Kirche, die die reichste Auftragsgeberin war.
In diesen Rahmen paßt auch eine große Menge ausländischer Kunst, von Künstlern wie Albrecht Dürer und Hieronymus Bosch. Letzterer malte die schrecklichen Alpträume des hl. Antonius, genauer gesagt das Triptychon mit den Versuchungen des Heiligen, das so reichhaltig an Details ist, daß man bei jedem Besuch etwas neues entdeckt.
In der gut bestückten Skulpturensammlung beachte man die sogenannten Malines-Figuren des 15. Jh., kleine puppenartige Holzstatuetten aus Mechelen in Flandern.
Das Museum besitzt eine portugiesische Möbelsammlung mit Objekten vom15. bis zum19. Jh. Besonders interessant ist der hohe Lehnstuhl, der Alfons V., genannt der Afrikaner, gehörte. Der einzigartige Stuhl strahlt eine besondere Würde aus. Die indo-portugiesischen Einlegearbeiten aus Ebenholz und Elfenbein verdienen verdienen ebenfalls eine aufmerksame Besichtigung.

Erzengel Michael (15. Jh.), Höhe 123 cm.

Brunnen mit Ankermotiv (16. Jh.), Höhe 107 cm.

In der alten Kapelle des Convento das Albertas befindet sich eine große Tafel mit *Christi Geburt* von Machado de Castro und José Barcos aus der zweiten Hälfte des 18. Jh. Die Figuren aus bemalter Terracotta sind in Holz und Kork gefaßt.
Zum Museum gehören auch zwei spezielle Räume mit Schenkungen. Einer wurde von Calouste Gulbenkian gestiftet und enhält Skulpturen wie den wunderschönen männlichen Torso aus Griechenland (5. Jh. v. Chr.). Der andere heißt nach Antenor Patiño, einem bolivianischen Multimillionär, der sich skrupellos an der Ausbeutung von Zinnminen bereicherte. Er wollte sich einen guten Namen verschaffen und kaufte für das Museum einen vollständigen Raum aus dem Prinz-Paar-Palais in Wien.

Kreuz des Königs Sancho I. (1214).

Goldene Monstranz (1506) aus dem Mosteiro dos Jerónimos, Höhe 83 cm.

Silberner Tafelaufsatz (1756) von François T. Germain, 72,8 x 80,7 x 56,8 cm.

Fassade des Museu Nacional dos Coches, eine frühere Reitschule, die 1726 auf der Ostseite des Palácio Belém gebaut wurde.

MUSEU NACIONAL DOS COCHES

Das **Nationale Kutschenmuseum** ist in einer früheren Pferdemanege im Belém-Palast untergebracht. Königin Amalie gründete es 1905 und seit damals gilt es als das bekannteste Museum in Portugal. Dort wo früher die Pferde trainiert wurden, dehnt sich heute eine großartige Halle mit den zwanzig wichtigsten Kutschen des Museums. Die Decke schmücken Szenen aus der klassischen Mythologie.
Die älteste dieser Kutschen brachte Philipp II. 1619 von Madrid nach Lissabon. Man sieht auch die erste Kutsche mit vergoldeten Schnitzereien, die der Königin Maria Anna von Österreich gehört hatte. Noch prächtiger ist die Kutsche, die Papst Klemens XI. König Johann V. schenkte. Sie wurde in Paris in einem eleganten Barockstil gebaut und mit glänzender Politur überzogen.
Eine andere außergewöhnliche Kutsche, die König Johann V. gehörte, entstand in der ersten Hälfte des 18. Jahrhunderts in Lissabon. Sie war so gut gelungen, daß sie auch noch nach dem Tod des Königs bis ins 19. Jh. hinein bei feierlichen Anlässen zum Empfang hoher Würdenträger benutzt wurde.
An der Rückseite der Manege ein Zeugnis für übertriebe-

Die Kutschensammlung (16.-19. Jh.) ist eine der umfangreichsten dieser Art.

nes Gepränge, nämlich drei der acht Kutschen, die als Zeichen äußersten Gehorsams 1716 von Portugal an den Papst abgingen und in Italien große Verwunderung auslösten.

Der seitliche Ausstellungsraum enthält Berlinen, Coupés, Barutschen und Einspänner. Unter allen Zweispännern verdient die "Kronenkutsche" besondere Erwähnung und auch die Kutsche der *Palhavã Meninos*, der außerehelichen Kinder von Johann V. Dann gibt es noch zwei Berlinen für Prozessionen.

Zwischen den Pferdegeschirren, Sänften und Jagdhörnern wird der Besucher einige äußerst interessante Stücke entdecken. Im ersten Stock hat man eine Potrait-Galerie eingerichtet. Dort befindet sich auch die lebensgroße Figur eines Mohren mit Schild und Peitsche, die für Geschicklichkeitsspiele der Reiter benutzt wurde. Königin Amalie lächelt aus ihrem ovalen Potrait und wir können außerdem den kleinen Sattel mit Rückenlehne und die Barutsche des Prinzen Karl von Portugal aus seiner Kinderzeit bewundern.

Die Kutsche von König Johann VI. (1824).

Französische Galakutsche, gebaut für die portugiesische Königsfamilie (Mitte des 18. Jh.).

Kutsche von König Josef I. (18. Jh.).

Vergoldete Kutsche von Maria Anna von Österreich (18. Jh.).

Das auf Kacheln gemalte Mosteiro dos Jerónimos vor dem Erdbeben von 1755.

Südliche Fassade des Mosteiro dos Jerónimos (1502).

Das frühere Dormitorium des Hieronymus-Klosters enthält heute das Museu Nacional de Arqueologia.

Nächste Seiten: Die Südseite der Igreja de Santa Maria und ihres achteckigen Kuppelturmes sind typisch für den überreichen manuelinischen Stil; Nossa Senhora de Belém im oberen Bereich des großartigen Südportals, mit zahllosen Giebeln, Fialen und Nischen voller Statuen.

MOSTEIRO DOS JERÓNIMOS

Dank der Entdeckungsreisen kam das 15. Jh. zu einem für Portugal ruhmvollen Abschluß. Man konnte endlich Afrika und Asien auf dem Seeweg erreichen, Portugal galt als das Tor zur Welt, die es auch für die anderen Länder Europas erschlossen hatte.
In der Nähe der Stelle wo Vasco da Gama 1497 nach Indien in See gestochen war, baute Emanuel I. ein Kloster für Hieronymiten-Mönche im Stadtviertel Belém, aus Dankbarkeit für die positive Entwicklung, die er auf Portugal zukommen sah. Im neuen Jahrhundert sollten sich diese Erwartungen bestätigen. Portugal wurde zum Handelszentrum der westlichen Welt, denn es besaß die besten Verbindungen zu den neu entdeckten Ländern, vor allem im Fernen Orient. Da man diese Gegenden jetzt leichter erreichen konnte, sanken auch die Preise ihrer extrem teuren Produkte, was dem Handel sehr förderlich war.

Zu Beginn des 16. Jh., im Jahr 1502, legte man den Grundstein für das *Kloster der hl. Maria von Belém*, besser bekannt als **Jerónimos-Kloster**. Auch heute noch hinterläßt der Anblick des Gebäudes einen unauslöschlichen Eindruck, zweifellos ist es einer der großartigsten Monumentalbauten von Lissabon.
Natürlich dauerte die Konstruktion viele Jahre, der erste Bauleiter nannte sich Boytac. In einer zweiten Phase zeigte João de Castilho seine Künste, dann auch der französische Bildhauer Nicolas de Chanterenne, der Stilmerkmale der italienischen Renaissance in Portugal einführte, mit eindeutig lombardischen Medaillons und Chimären. In der Jahrhundertmitte dirigierte Diogo de Torralva die Bauhütte, um 1571 war der ursprüngliche Bau abgeschlossen. Die späteren Um- und Anbauten sollten zum Glück das ursprüngliche Glanzstück nicht beeinträchtigen.

Das westliche Portal unter der Vorhalle des 19. Jh., das zu den Kreuzgängen führt.

Die Vierung von 49 Metern Weite mit ihren fein dekorierten achteckigen Pfeilern erzeugt einen großartigen Gesamteindruck.

Vor allem im Inneren kam es zu immer umfangreicheren Ausstattungen unter Hinzufügung wertvollster Kunstwerke. Die liberale Revolution brachte 1834 die Säkularisierung der religiösen Orden und damit wurde auch die unschätzbare Kunstsammlung dieses Klosters in alle Winde verstreut.

Das Äußere des Gebäudes aus weißem Stein gliedert sich in Fialen, Rosetten, gotische und romanische Fenster und andere Dekorationsformen des manuelinischen Stiles wie Steinseilgesimse, Armillarsphären und portugiesische Schilde. Es gibt auch Nischen mit lebensgroßen Darstellungen von König Emanuel I. und der Königin Maria Fernanda, die kniend den Schutz von Johannes dem Täufer und dem hl. Hieronymus erflehen. In der Mitte fällt vor allem das **Westportal** von Chanterenne ins Auge, eine scheinbar unendliche Abfolge von Reliefs, Wappen, Emblemen, Nischen und Statuen wie die Prinz Heinrich des Seefahrers. Anders als auf den Tafeln von São Vicente de Fora im Nationalmuseum für Alte Kunst ist der Prinz hier aus Ehrfurcht vor der hl. Jungfrau barhäuptig dargestellt. Man erkennt auch Darstellungen von Nossa Senhora de Belém.

Das **Südportal** verdient unsere ganze Aufmerksamkeit, in der Mitte ist die Junfrau Maria dargestellt, umgeben von Aposteln, Engeln, Kirchenvätern und Heiligen, bekrönt von den Allegorien Afrikas und Asiens.

Die Haupt- und Nebenschiffe des Kircheninneren sind von gleicher Höhe und werden von achteckigen Pfeilern gestützt. Der von Castilho geschaffene Pfeilerschmuck ist so schön, das man darüber die enorme Höhe und die statische Aufgabe der Pfeiler vergißt. Das Licht fällt durch farbige Glasfenster ins Innere und erleuchtet den Kalkstein, wodurch sich die Eleganz und scheinbare Leichtigkeit der Säulenmassen noch steigert. Die Äderung des Netzgewölbes wird von den Stützrippen der Bögen unterteilt und die Schlußsteine vereinigen die Profile der Äderung in Form von Juwelen, Rosetten und Emblemen. Die Vierungskuppel wird als einzige nicht von Säulen getragen.

Sowie sich die Portale öffnen, strömt soviel Licht ins Innere, daß die farbigen Reflexe der Glasfenster fast ausgelöscht werden. In Momenten absoluter Stille vermeint man einen gebetsähnlichen tiefen Ton zu vernehmen, der aber in Wirklichkeit von den in ihren Nestern an der Außenseite gurrenden Tauben herrührt.

Unter den verschiedenen Kapellen des Querschiffes kommt man nach der Taufkapelle auch in die nach Almeida Garrett benannte. Am 9. Dezember 1905 setzte hier König Ludwig einen Stein, die Grablege des berühmten Schriftstellers bestimmend.

Jenseits der wundervoll geformten Kanzel öffnet sich die **Kapelle des hl. Hieronymus** mit einer berühmten Darstellung des Heiligen von Luca della Robia. Der Chor enthält die Sarkophage von Emanuel I. und Königin Maria und von Johann III. und Königin Katharina. Letzterer ist aus Estromoz-Marmor und wird von aus massiven

Steinblöcken ausgehauenen Elefanten getragen. Ihre Stoßzähne formte man aus dem ersten Elfenbein, das von Indien nach Portugal gelangte. Über dem mit Silber ausgelegten Tabernakel hängen wundervolle Bilder, die der spätere König Peter II. stiftete. Die Goldarbeiten sind von Gil Vicente, der im 16. Jh. auch die berühmte **Monstranz von Belém** schuf, die heute im Nationalmuseum für Alte Kunst aufbewahrt wird.
Jenseits der Almeida Garrett-Kapelle befinden sich die Grablegen von Camões und Vasco da Gama, die 1894 nach einem Entwurf von Costa Mota gestaltet wurden. Ebenfalls in dieser Kapelle findet man die Gräber der Kinder von Johann III. und den Kenotaph von König Sebastian, dem legendenumwobenen portugiesischen König, der in Ksar-el-Kebir besiegt wurde und niemals wiederkehrte. Eine Statue des hl. Gabriel, die Vasco da Gama auf der Reise nach Indien begleitete, steht neben dem leeren Grab.
Der Chor wurde zur Zeit von Johann III. (um 1550) errichtet und enthält ein wunderbares Chorgestühl in bester Renaissancetradition. Die großartige Kuppel schwebt hoch oben über der Vierung und trägt die Bronzeschilde der Karavellen, die nach Indien und Brasilien segelten. In der Kirche werden die kanonischen Kirchenfeste gefeiert, aber auch eine besonders typische Zeremonie, die Segnung der Ordensbänder, die den *Studenten* zum Abschluß ihrer Studien verliehen werden, eine in Ehren gehaltene akademische Tradition.
Die Sakristei, die am Kreuzgang liegt, ist reich an Gemälden und architektonischen Kostbarkeiten, wie die gewaltige Schatztruhe mit Gemälden des 16. Jh. von Jerónimo de Ruão.
Der Kreuzgang gilt als der schönste der Welt und dieser Meinung wird man sich leicht anschließen. Seine spätgotische Architektur des 16. Jh. (Flamboyantstil) strahlt eine feierli-

Grab des Vasco da Gama (1469-1524), der erste Seefahrer, der Handelsbeziehungen mit dem Fernen Osten anknüpfte.

Grab des Luis de Camões (1524-1580), der Nationaldichter Portugals.

Das feine Geflecht von Rippengewölben über Haupt- und Seitenschiffen.

Der Chor in der westlichen Galerie.

Rippengewölbe am ebenerdigen Kreuzgang.

Der Löwenbrunnen in der nordwestlichen Ecke des Kreuzgangs.

Schlanke Säulen stützen das überschwengliche Maßwerk.

Im großartigen, zweistöckigen Kreuzgang entdeckt man an jedem Bogen wundervolle Details.

Gewölbe, Säulen und Wände sind verschwenderisch mit manuelinischen Motiven dekoriert.

che Atmosphäre aus, mit zarten und gleichzeitig überschwenglichen Proportionen. Obwohl Kreuzgänge eigentlich der friedfertigen Reflektion dienen, hat hier sogar einmal ein Ritterturnier stattgefunden.
Wie auch im Inneren der Kirche schwingen sich die Stützrippen von den Säulen ausgegend wie Palmwedel in die Netzgewölbe, um dann in Rosetten zusammenzulaufen. In der nordwestlichen Ecke des Kreuzgangs steht ein Brunnen mit einem steinernen Löwen. Von dort aus gesehen wirken die Säulen, das Maßwerk und die Fialen als seien sie wie Spitzen gewirkt, ein wahrhaft bezaubernder Anblick.
In den letzten Jahren fanden hier reizvolle Sommerkonzerte statt. Das mächtige Kloster, seit 1983 offiziell zum Kulturerbe der Menschheit erklärt, ist so groß, daß es ohne Probleme noch zwei Museen aufnehmen konnte, das **Archäologische Nationalmuseum** und das **Marinemuseum**.

Das Museu Nacional de Arqueologia im Flügel des 19. Jh., Hieronymus-Kloster.

MUSEU NACIONAL DE ARQUEOLOGIA

Leite de Vasconcelos gründete das Archäologische Nationalmuseum im Jahr 1893, ausgehend von der archäologischen Sammlung des Estácio de Veiga. Ursprünglich nannte es sich Ethnographisches Museum und erhielt erst 1989 den Status eines Nationalmuseums. Bevor es im ehemaligen Dormitorium des Jerónimos-Klosters eingerichtet wurde, hatte es schon zwei Umzüge erlebt, erst war es im Raum der geologischen Kommission untergebracht, dann im Kreuzgang der Wissenschaftlichen Akademie von Lissabon. Das Museum kann sich einer reichen und vielfältigen Sammlung rühmen.

Zu Anfang gab es nur zwei Abteilungen, die archäologische und die ethnographische.

Dann kamen andere Sammlungen hinzu, die für Anthropologie, Epigraphik, Numismatik und Medaillenkunde, zusammen mit vergleichender Ethnologie der Inseln und der Länder in Übersee. Antike Töpfer- und Goldschmiedekunst sind ebenfalls vertreten, es gibt eine ausgezeichnete Sammlung von Keramiken, die von der Steinzeit, über das Mittelalter und die spanisch-arabischen Manufakte bis zur industriellen Produktion des 19. Jh. reichen. Das Museum hat außerdem unschätzbare Kleinodien aus kostbaren Metallen zu bieten: Ohrringe, Ringe, Armreife und Halsketten.

Trotz dieser weitreichenden Sammlungen wurde in letzter Zeit der Schwerpunkt auf die Archäologie verlegt. Dadurch hat die Institution im nationalen und internationalen Bereich große Bedeutung erreicht. Es fehlt nicht an wichtigen Fundstücken aus der Stein- und Eisenzeit, aus der Römerzeit und dem Mittelalter. Einige der interessantesten Stücke dienten dazu, die Handelswege der Steinzeit zu rekonstruieren.

Eine besonders wichtiger Teil der Sammlung bezeugt die römische Herrschaft über Portugal mit Mosaiken, Statuen, Meilensteinen, Instrumenten und Werkzeugen aller Art. Das Museum widmet sich auch den Lebensbedingungen und dem Handwerk jenes Zeitalters.

Die einzigen drei in Portugal aufbewahrten Mumien beffinden sich in der ägyptischen Abteilung.

Römische Amphoren (4. Jh. n. Chr.) aus Tróia (Setúbal).

Lusitanischer Krieger, Eisenzeit.

Plattenhalskette aus der späten Bronzezeit.

Sarkophag eines Mädchens, 3. Jh. römischer Zeit

Die Musen-Tafel, Mosaik (3. Jh. n. Chr.), 241 cm

Die Hauptabteilung des Museu de Marinha befindet sich im westlichen Flügel des Mosteiro dos Jerónimos.

MUSEU DE MARINHA

Früher war das **Marinemuseum** noch nicht in einem Flügel des Jerónimos-Klosters untergebracht, sondern in einer ganz anderen Institution. Als es König Ludwig 1863 gründete, verfolgte er damit zwei Absichten: Zunächst einmal wollte er die Zeugnisse der portugiesischen Seefahrtsgeschichte, die bereits durch das Erdbeben von 1755 und die napoleonische Invasion dezimiert worden waren, angemessen aufbewahrt wissen. Zweitens sollten sich die zukünftigen Seeoffiziere an diesem Material inspirieren. Daher war das Museum zunächst Teil der Marineakademie, damals im Arsenal von Lissabon, bis 1916 ein Feuer einen ansehnlichen Teil der Sammlung zerstörte.
1948 wendete sich das Geschick zugunsten des Museums, wenn auch aus traurigem Anlaß. Bei seinem Tode hinterließ Henrique Manfroy de Seixas seine Sammlung dem Marinemuseum, das dadurch seine Bestände erheblich erweitern konnte. Das Museum zog noch im selben Jahr in den Palácio das Laranjeiras um, aber erst 1962, mit dem Einzug in das Jerónimos-Kloster, kam es zu einer angemessenen musealen Präsentation. Endlich fanden Modelle, originale Seekarten und Pläne, Photographien, Uniformen, Gemälde, Medaillen, Galionsfiguren, Waffen und andere Exemplare der nautischen Kunst den ihnen gebührenden Platz.
Die meisten Modelle kommen aus der Sammlung Seixas und dokumentieren die Geschichte des Schiffbaus von den altägyptischen Papyrusbooten bis zu den hochmodernen Schiffen der Kriegs- und Handelsmarine. Auf diese Weise wird auch das traditionelle portu-

Gesamtansicht des Raumes der Entdeckungen.

Holzstatue des Erzengels Raphael.

Eine Replik des Ielala-Felsen in Zaire mit Inschriften, die der Seefahrer Diogo Cão (1483) "orderte".

giesische Fischereiwesen mit einzigartigen Modellen rekonstruiert. Die Modelle der königlichen Zweimaster sind ebenso bemerkenswert wie die Kriegsschiffe und Karavellen der Entdeckungsreisen, die in den Werkstätten des Museums nach Entwürfen von Gago Coutinho und Quirino da Fonseca gebaut wurden. Das Kriegsschiff Príncipe da Beira hat eine besonders elegante Form und ist in allen Details wiedergegeben. Man hat sogar die originalen Kajüten der königlichen Jachten, die einst Karl I. und Königin Amalie gehörten, zur Schau gestellt.

Unter den Exponaten, die den Kontakt zwischen westlichen und östlichen Zivilisationen dokumentieren, finden sich auch solche aus Japan. Die Handelsmarine spielt im Museum keine untergeordnete Rolle.

Die Außengalerie beherbergt Objekte aus dem Mutterland und von den portugiesischen Inseln. Da gibt es ein Walfängerboot von den Azoren und Boote von Costa da Caparica, mit dem auf den Bug gemalten *Auge Gottes*.

Die königlichen Wohnräume auf der Jacht Amélia, die nach der Abwrackung des Schiffes (1938) aufbewahrt wurden.

Danach kommt man an den **Galeonen-Pavillon**, der extra für die Ausstellung dieser Schiffe gebaut wurde. Die königlichen Galeonen sind besonders prächtig ausgestattet, die älteste stammt aus dem Jahr 1724. Den größten Eindruck hinterläßt ohne Frage die *königliche Zweimaster-Barke* aus der Zeit von Maria I. (1778), für die achtzig Ruderer benötigt wurden.
Der Schiffsentwurf ist José Clavine zu verdanken. Am Heck trägt die Barke vergoldetes Schnitzwerk mit dem königlichen Wappen, umgeben von weiblichen und mythologischen Figuren. Das Schiff verfügt immer noch über das schöne Verdeck von Pedro Alexandrino.
Als nächstes ist das erste Wasserflugzeug der Marine und Portugals berühmtestes Flugzeug überhaupt aufgestellt, eine *Fairy 17* mit Namen Santa Cruz. Mit ihr flogen Gago Coutinho und Sacadura Cabral 1922 über den Südatlantik. Für noch ausgedehntere Reisen durch das Universum begebe man sich in das in der Nachbarschaft gelegene Calouste Gulbenkian-Planetarium.

Das vergoldete Heck der königlichen Brigg (1778), die für Königin Maria I. gebaut wurde.

Die große Barke (1711) war mit 80 Ruderern bemannt.

Torre de Belém, der Zustand vor dem Erdbeben von 1755 ist auf einer Kacheltafel dargestellt.

Torre de Belém, ein herausragendes Beispiel manuelinischer Architektur.

TORRE DE BELÉM

Als eines der Wahrzeichen von Lissabon ist dieser Turm das bekannteste Monument der Stadt, auch wenn er viele Jahre lang nicht seiner ursprünglichen Bestimmung diente. Johann II. beauftragte Garcia de Resende mit dem Bau, aber er wurde erst zwanzig Jahre nach seinem Tode fertig, unter der Herrschaft von seinem Nachfolger König Emanuel und nach einem Entwurf von Francisco de Arruda. Dieser gehörte einer bedeutenden Architektenfamilie an, welche der Aviz-Dynastie vier Generationen lang diente. Francisco war auch ein Militärbaumeister, was er schon in der Provinz Alentejo und in Marokko unter Beweis gestellt hatte.
An den rechteckigen Turm ist ein Sechseck aus nach oben offenen Mauern angebaut, die ein Bollwerk bilden, die Gesamtanlage ist wie ein Schiffsbug zum Meer hin ausgerichtet. Die über das mit Zinnen bekrönte Bollwerk ragende Turmfassade ist dem Tejo zugewandt und scheint der nautischen Welt zugehörig. Obwohl der Turm nicht aus ästhetischen Gründen gebaut wurde, sondern wie andere Forts zur Verteidigung von Fluß und Stadt diente, ist er mit einer zierlichen Ornamentik in Kalkstein versehen.
Die Arbeiten begannen 1515 und wurden 1521 abgeschlossen. Der Turm nannte sich auch Fort des hl. Vinzenz, da König Emanuel es unter den Schutz des Stadtpatrons gestellt hatte. Damals war er vollständig von Wasser umgeben, doch der Fluß zog sich zurück und heute gehört er zum Uferbereich. Vor wenigen Jahren sicherten Befestigungsarbeiten den Turm vor Springfluten und seitdem wird er nur noch von flachem Wasser benetzt. Der monumentale Bau erinnert an die heroischen Zeiten des portugiesischen Kolonialreichs. Er steht am Restelo-Strand, am Kai der Entdeckungsreisen. Das sechseckige Bollwerk ist mit Fialen, Steintaugesimsen, Armillarsphären, Zierknoten und anderen Motiven geschmückt, wie sie für den manuelinischen Stil typisch sind. Auf der schmalen Balustrade öffnet sich eine Nische mit einer Marienfigur, *Nossa Senhora da Boa Viagem.* Die wohlproportionierten Arkaden und Bogenportale gehören der Romanik und der Gotik an, aber auch andere Stilmerkmale fehlen nicht, wie die byzantinischen Kuppeltürmchen, die venezianischen Veranden und andere Details, die den über Marokko bis hierher vorgedrungenen Einfluß der mauretanischen Kunst verraten. Aufmerksakeit verdient die erste europäische Skulptur eines Rhinozeros' an der Nordost-Ecke des Turmes.
Verglichen mit den überschwenglichen Fassaden wirkt das **Innere** ausgesprochen nüchtern. Von der Zugbrücke kommend geht man durch ein Renaissanceportal ins Innere. In das Untergeschoß mit seinen fünf Zellen führen 35 Stufen hinunter. Ursprünglich lagerte man hier Schießpulver, dann aber dienten sie über längere Zeit als Gefängnis für politische Häftlinge. Auf der Terrasse

des Ergeschosses wurden die Kanonen aufbewahrt.
Die nächsten Stockwerke dienten als Waffenkammern. Den Königssaal erkennt man an einer großzügigen Veranda mit wunderschönen Säulen. Darüber lag das Refektorium. Von außen erkennt man noch die Löcher, durch die geschmolzenes Blei auf die Belagerer gegossen werden konnte. Im fünften Stockwerk, einst königliche Residenz, erinnert eine Gedenktafel an den ersten Flug der Piloten Gago Coutinho und Sacadura Cabral von Lissabon nach Rio de Janeiro (1922).
Weitere 123 Stufen bringen uns zum obersten Stockwerk, eine überwältigende Aussichtsterrasse. Die Anzahl der Stufen, Zinnen und Stockwerke und die Ausmaße des Turmes, alles gehorcht einem symbolischen Konzept, nichts wurde in diesem Turm dem Zufall überlassen. Er hatte nicht nur die Stadt zu beschützen, sondern sollte auch den Seeleuten Segen spenden, damit sie glücklich zurückkehrten und das Königtum mit kostbaren Waren aus der ganzen Welt bereicherten.
Obwohl der Turm doch von so bestrickender Schönheit ist, lief er wegen Nachlässigkeit Gefahr, das 19. Jh. nicht

Die gotische Statue von Nossa Senhora da Boa Viagem im reich dekorierten Baldachin der Bastion.

Zinnen und Pfeiler an der Innenwand der Bastion.

Die Hauptfassade ist zum Tejo hin ausgerichtet.

Das strenge Innere der Sala da Nave und der Sala das Reuniōnes kontrastiert stark mit dem überreich dekorierten Äußeren.

Ponte 25 de Abril (1966).

zu überleben. In seiner Nähe war ein Gasgenerator gebaut worden, der der Beleuchtungsgesellschaft gehörte. Der Schornstein des Generators schleuderte Unmengen von schmutzigen Abgasen auf den Turm. Nachdem die Gasgesellschaft geschlossen worden war, kam es in den Fünfziger Jahren zu ersten Restaurierungsarbeiten, die dem Turm seine elegante Würde zurückerstatteten. In den Achtziger Jahren wurde erneut restauriert, weil in dem Turm Waffen vom 15. bis 17. Jh. ausgestellt werden sollten, denn im Rahmen der siebzehnten Ausstellung der europäischen Kunst, Wissenschaft und Kultur diente er als eines der fünf Ausstellungszentren.
Besuche des Flußufers und des Turmes, der heute Ausstellungen und Seminare verschiedenster Thematik aufnimmt, sind nicht wirklich abgerundet, wenn man nicht eine der berühmtesten Konditoreien von Lissabon aufsucht. Auf halbem Weg zwischen dem Jerónimos-Kloster und dem Nationalen Kutschenmuseum liegt das Kuchengeschäft, das schon seit fast einem Jahrhundert die bekannten *Pastéis de Belém*, das Belém-Gebäck herstellt. Es wird mit Puderzucker und viel Zimt überstreut. Der Zimt ist seit Jahrhunderten eng mit Belém und seinem Anlegekai verwoben, wo er zusammen mit vielen anderen Produkten aus dem Fernen Osten einzutreffen pflegte.

DENKMAL DER ENTDECKUNGEN BRÜCKE DES 25. APRIL CRISTO-REI

Das **Denkmal der Entdeckungen** entstand für die Ausstellung "Portugiesische Welt" (1940). Doch handelt es sich nicht mehr um das Original, das im Februar 1941 von einem Wirbelsturm zerstört wurde, sondern um eine Replike.
Neben dem Monument erstreckt sich auf dem Boden ein gewaltiger Schiffskompaß, den Südafrika zum fünfhundertsten Todestag von Heinrich dem Seefahrer stiftete. Er, der Begründer der Seefahrerschule von Sagres, steht am Monument als erster mit einem Karavellenmodell in der Hand vor Katographen, Mathematikern, Astronomen, Zimmerleuten, Schuhmachern, Schildträgern, Lotsen, Kapitänen, Ärzten, Zoologen, Missionaren und Chronisten, die am epischen Geschick der Entdeckungen beteiligt waren. Von der Spitze des Monumentes genießt man einen phantastischen Ausblick auf die Stadt und das Südufer des Tejo.

Denkmal der Entdeckungen (1960).

Die **Brücke des 25. April** beginnt in Alcântara und führt nach Süden über den Fluß. Sie wurde 1966 fertiggestellt und ist bis heute die einzige Tejo-Brücke in der direkten Umgebung von Lissabon. Ihre elegante Struktur ist zweieinhalb Kilometer lang und sechzig Meter hoch, sie wird täglich von tausenden von Pendlern benutzt.
Das Denkmal **Cristo-Rei** (Christus der König) steht jenseits der Brücke über der Stadt Almada. Dieser Ort ist ebenso alt wie Lissabon und diente vielen Adligen als Zuflucht, wenn die Hauptstadt von der Pest heimgesucht wurde. Das Christus-Denkmal erhebt sich in der Nähe der Stelle, wo Fernão Mendes Pinto starb,- er war der erste Mensch des Westens, der bis nach Japan vordrang. Das Monument wurde von Salazar erbaut, aus Dankbarkeit dafür, daß Portugal nicht in den Zweiten Weltkrieg verwickelt wurde. Die Christusstatue ist eine verkleinerte Kopie des segnenden Christus auf dem Corcovado-Hügel von Rio de Janeiro und wurde 1959 fertiggestellt. Sie ist insgesamt 109 m hoch, 28 m die Statue und 81 m die Basis. Das nach Norden ausgerichtete Monument gestalteten zwei Bildhauer, die eigentliche Figur mit dem Umriß des Herzens auf der Brust Francisco Franco, den Rest António Lino.
Das Denkmal Cristo-Rei überragt den Tejo und das gesamte Mündungsgebiet, von Arrábida im Süden bis Sintra im Norden. Schemenhaft spiegelt sich Lissabon in den grünen Wassern des Flusses, die Camões mit "flüssigem Smaragd" verglich.

MUSEU NACIONAL DE ETNOLOGIA

Das **Nationalmuseum für Ethnologie** enstand aus einer wahllosen Sammlung von Objekten, die portugiesische Seefahrer seit dem 16. Jh. zurück ins Mutterland gebracht hatten. Die Ausstellungsstücke entstammen verschiedenen Völkern und Kulturen und stehen für eine Konzeption, die sich stark von der anderer ethnologischer Museen und von den meisten anderen Museen überhaupt unterscheidet. Nach hunderten von Jahren unsystematischen Sammelns gründete eine kleine Gruppe von Forschern eine *Mission für ethnische Minderheiten aus den überseeischen Besitzungen,* die trotz dieser Bezeichnung weitgefaßte Ziele hatte. Auch wenn die ersten Initiativen der Gruppe den damaligen portugiesischen Kolonien gewidmet waren, galt das Hauptinteresse jedoch dem Sammeln von Völkerkunst. Die erste Ausstellung, *Leben und Kunst der Eingeborenen von Maconde,* wurde im Februar 1959 eröffnet und bestärkte die Idee, daß ein universelles Völkerkundemuseum zu schaffen sei. Das bedeutete, daß die Objekte als Ergebnis von Forschungen zusammengestellt werden müßten und nicht umgekehrt. Von da an lag der Schwerpunkt auf dem menschlichen Abenteuer an sich, die gesammelten Gegenstände sollten vor allem Leben und Kultur der verschiedenen Völker verdeutlichen. Durch intensive Arbeit entstand eine Sammlung mit einer ungeheuren Menge von Objekten aus allen Kontinenten.
Das *Ethnologische Museum der Überseeischen Provinzen* wurde 1965 gegründet, am 25. April 1974 hieß es nur noch Ethnologisches Museum. Im Jahr 1975 zog es in ein eigens dafür erstelltes Gebäude im Belém-Viertel um. 1989 wurde es in den Rang eines Nationalmuseums erhoben und noch heute widmen sich seine Mitarbeiter mit Offenheit dieser kulturell und wissenschaftlich bedeutsamen Aufgabe.

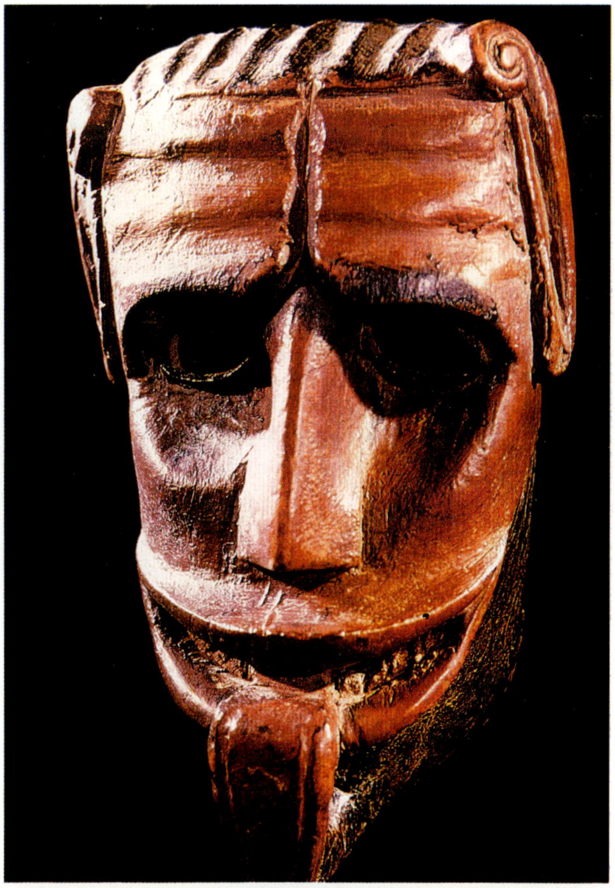

Hölzerne Careto-Maske von Trás-os-Montes (Bragança).

Holzstatue eines Quioco-Häuptlings aus Angola.

Cara-Grande-Maske aus Brasilien.

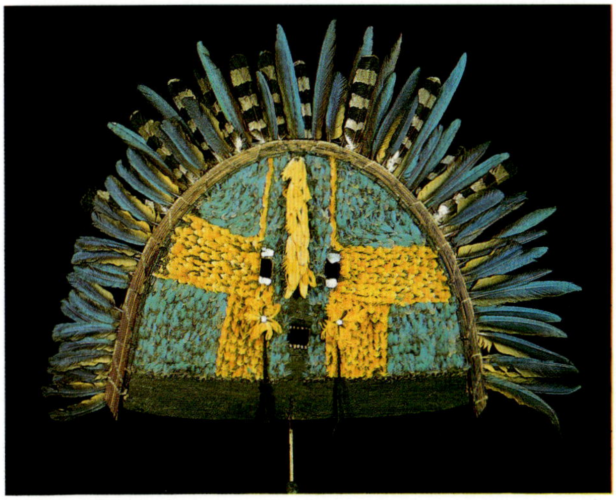

Das Monumento dos Restauradores (1886), ein 30 m hoher, gewaltiger Obelisk, steht mitten auf der Praça dos Restauradores.

Platz und Denkmal (1934) des Marquês de Pombal.

PRAÇA DOS RESTAURADORES

1886 weihte man auf der Praça dos Restauradores einen Obelisk zum Gedenken daran ein, daß am 1. Dezember 1640 durch einen Aufstand nach sechzig Jahren spanischer Fremdherrschaft die portugiesische Unabhängigkeit wieder hergestellt worden war. Auf der Nordseite des Platzes beginnt die Avenida da Liberdade, im Süden liegt der Rossio und der gleichnamige Bahnhof in neomanuelinischem Stil. Der Bahnhof ist die Endstation der Sintra-Linie und wurde nach einem Entwurf von José Luís Monteiro gebaut. Ebenfalls an der Praça dos Restauradores erhebt sich das ehemalige Éden-Theater des Architekten Cassiano Branco (1937), das in ein Hotel und Einkaufszentrum umgewandelt worden ist. Daneben liegt der Palácio Foz, 1755 von Fabri begonnen, der dem sogenannten "Neuen Staat" als Hauptquartier für Propaganda diente. Nach dem 25. April 1974 diente er als Ministerium für Medien, aber auch als Touristenbüro. Etwas weiter unterhalb, in der Nähe des Rossio-Bahnhofs, sieht man das klassizistische Avenida Palace Hotel, ebenfalls von Monteiro, das an die guten alten Zeiten erinnert.

AVENIDA DA LIBERTADE

Weniger als zehn Jahre nach dem Erdbeben, das Lissabon auf den Kopf stellte, erhielt der Architekt Reinaldo Manuel den Auftrag, eine öffentliche Promenade zu entwerfen. Sie sollte in dem Viertel Hortas da Cera entstehen, zwischen Praça dos Restauradores und Praça da Alegria.
Diese Promenadenallee wurde bald das Zentrum von Vergnügungen und zum Treffpunkt der mondänen Welt. Als Pläne für eine Verbreiterung und Verlängerung der Promenade nach Norden hin bekannt wurden, hagelte es Proteste. Doch José Gregório Rosa Araújo, Vorsteher

des Gemeinderates (1878-1885), dachte nur an den Fortschritt des Stadt. Er ignorierte die Proteste und baute Avenida da Liberdade, die breiteste Straße von Lissabon. Der erste Abschnitt wurde 1882 für den Verkehr freigegeben.

Der neu geschaffene Park Eduardo VII. (1885) vereitelte alle Pläne, die Avenida bis nach Monsanto auszubauen und so blieb sie im großen und ganzen in der heutigen Form, vom Restauradores- bis Rotunda-Platz, 1.500 Meter lang und 90 Meter breit.

Diese Prachtallee setzt sich aus einer breiten Hauptstraße und zwei schmäleren Parallelstraßen zusammen, die von wohlgepflasterten Mittelstreifen getrennt werden. Auf jedem dieser verschiedenartig gemusterten Streifen reihen sich Ulmen, Platanen, Judasbäume, Lotusbäume, Akazien, Palmen und Maulbeerbäume aneinander. Die Avenida schmücken außerdem verschiedene Statuen, vor allem von Schriftstellern und wunderschöne Mosaikpflaster.

Heute gibt es hier drei Straßencafés und verschiedene Filmtheater, aber auch viele Neubauten. Dennoch kann es sich immer noch interessanter Architekturen rühmen, wie dem Old Hotel Vitória und dem Diário de Notícias-Gebäude.

PRAÇA MARQUÊS DE POMBAL

Am entgegengesetzten Ende der Avenida da Libderdade liegt unterhalb vom Park Eduardo VII die Praça Marquês de Pombal. Dieser runde Verkehrsknotenpunkt, der auch Rotunda heißt, wurde zwischen 1917 und 1934 gebaut und mit der traditionellen Mosaikpflasterung versehen. Sechs der wichtigsten Verkehrsarterien erstrecken sich von hier aus fast über die ganze Stadt. Unter dem Straßenniveau gibt es eine Untergrundstation, die mit allen Linien des U-Bahnnetzes in Verbindung steht.

In der Mitte des runden Platzes dominiert das nach Süden gerichtete, 36 m hohe Monument des berühmten Ministerpräsidenten von Josef I. Das mächtige Postament erinnert an das siegreich aus dem Erdbeben hervorgegangene neue Lissabon. Auf einer Seite ist Minerva dargestellt, auf der anderen sind die Allegorien von Landwirtschaft und Industrie zu sehen Dem Marquês in Denkerpose leistet ein Löwe, das Symbol königlicher Macht, Gesellschaft. Auf der Rotunda und ihrer Umgebung versammelten sich viele der Revolutionäre, die am 5. Oktober 1910 die Republik ausriefen.

Der Blick vom oberen Ende des Parks Eduardo VII.

Die Estufa Fria (1929) in der nordwestlichen Ecke des Parks.

PARK EDUARD VII.

Dieser Park ist ziemlich neu und heißt nach dem englischen König Eduard VII., der 1902 Lissabon besuchte. Bis Ende 1920 handelte es sich um ein steiniges Ödland, auf dem Kinder spielten. Während die Stadt schneller und schneller wuchs, bestimmte man dieses Grundstück zur Grünanlage.
Trotz des ständigen Verkehrslärms wirkt dieser Park mit seinen Teichen und zahllosen Baumarten wie eine friedliche Oase. Im Juni sind die Dalberga-Bäume mit violetten Blüten bedeckt. Im Park stehen zwei Gewächshäuser, eines davon ist beheizt. Mit ihrer Vegetation erinnern sie an weit entfernte Länder. Hier werden oft Ausstellungen abgehalten, außerdem Atiquitätenmessen, Modeschauen und Konzerte. In den Monaten Mai und Juni findet längs der Parkwege am Rasenplatz eine gut besuchte Buchmesse statt.
Den Park umgeben Luxushotels, das *Penitenciária* (Gefängnis), der Justizpalast und das **Carlos Lopes-Sportzentrum**. Am Wochenende treffen sich hier die Bewohner anderer Provinzen, die in Lissabon Arbeit gefunden haben. Die verschiedenen Volksgruppen scharen sich dann zusammen, manchmal singen sie oder vergnügen sich mit Volkstänzen.

Der Fronteira-Palast und der symmetrische Garten.

Die Königsgalerie.

FRONTEIRA-PALAST

Der wegen seiner Kacheldekoration berühmte Fronteira-Palast steht in São Domingos de Benefica und wurde zwischen 1650 und 1675 für Dom João de Mascarenhas, den ersten Marquis von Fronteira erbaut. 1765, zehn Jahre nach dem großen Erdbeben, wurde die ursprüngliche Ausgestaltung erweitert und die Dekoration vervollständigt. Die heutigen Gebäude stammen aus dieser Zeit und umfassen den eigentlichen Palast, den Park und die Gärten mit Skulpturen. Sie gelten als die vollendetsten Beispiele der portugiesischen Renaissance. Erwähnenswert sind der Große See, die Galerie der Könige, die Terrasse mit von Pyramiden bekrönten Türmchen auf jeder Seiten und die *Azulejo*-Tafeln mit Reiterfiguren, die Mitglieder der Familie Mascarenhas darstellen.

Im Inneren interessieren vor allem der Schlachten-Raum mit *Azulejos* des 17. Jh., die Szenen aus dem Restaurationskrieg wiedergeben und der Paneel-Raum mit *Azulejos* aus dem 18. Jh., Medaillons in Frekotechnik und Ölgemälde von Pellegrini und Sequeira. Das Eßzimmer zieren ebenfalls Arbeiten eines bekannten Künstlers, Pedro Alexandrino, der die Dekorationen des 18. Jh. ausführte.

Palast und Gärten bilden eine ikonographische Gesamtanlage, die mit Recht als eine der wichtigsten der Restaurationszeit gilt.

CALOUSTE GULBENKIAN-MUSEUM

Der armenische Geschäftsmann Calouste Gulbenkian wurde 1869 in der Türkei geboren. Er galt als Wohltäter und Kunstkenner, war aber auch als "Mister Five Percent" bekannt, denn fünf Prozent war der Anteil, den er von den Ölkonzernen verlangte. Damit brachte er ein ungeheures Vermögen zusammen, mit dem er dann wieder in erlesene Kunstwerke investierte.
Obwohl er die englische Nationalität angenommen hatte, verbrachte er seine Zeit zwischen London, Paris und den Golfländern. Er bevorzugte die französische Kunst des 18. Jh., die er begierig sammelte. Aber er hatte auch eine Schwäche für die Kunst des Mittleren und Fernen Ostens, insbesondere des Islam und trug eine beeindruckende Sammlung von Meisterwerken zusammen. Doch beschränkte er sich keineswegs nur auf alte Kunst, in Paris befreundete er sich mit René Lalique, dem er zu Beginn seiner Karriere eine große Hilfe war.
Nach dem Jahr 1942 zog er nach Lissabon, wo er bis zu seinem Tode, am 20. September 1955, wohnte. Einen großen Teil seiner Sammlungen vermachte er dem portugiesischen Staat, als Zeichen seiner "Werschätzung und Freundschaft". Noch zu seiner Lebenszeit hatte er dem Nationalmuseum für Alte Kunst mehrere Schenkungen übereignet. Etwa zwei Jahre vor seinem Tod gründete er in Lissabon eine Stiftung zur Förderung der Künste, der

Galerie mit französischen Silberarbeiten, 18. und 19. Jh.

Die Galeria de Artes decorativas francesas besteht seit dem 18. Jh.

Kultur, der wissenschaftlichen Forschung und der beruflichen Spezialisierung. Die Calouste Gulbenkian Foundation nahm ihre Arbeit 1969 in einem hochmodernen Gebäude direkt im Herzen von Lissabon auf und entwickelte sich sehr schnell zu einem bedeutenden Kunstzentrum.
Nachdem man an der von einem Falken beschützten Statue Gulbenkians vorbeigegangen ist, heißen einen die wunderschönen Gartenanlagen willkommen, die die Stiftungsgebäude umgeben. Das Hauptquartier der Stiftung verfügt über einen Mitarbeiterstab von Spezialisten, eine Bibliothek mit Schwerpunkt Kunstgeschichte, mehrere Räume und Säle für Konferenzen, Besprechungen, Filmvorführungen und Ereignisse aller Art. Außerdem gibt es ein Auditorium unter offenem Himmel, Räumlichkeiten für Wechselausstellungen und zwei Museen. Ein Museum heißt nach dem Stifter und zeigt Alte Kunst, das andere beherbergt das **Zentrum für Moderne Kunst**.
Das Gulbenkian-Museum enstand, um die wundervollen Objekte zur Schau zu stellen, mit denen sein Begründer zu leben pflegte und wurde von Anfang an so gebaut, daß auch das große Publikum in ihren Genuß käme. In weiten, wohlgeordneten Räumen sind die Objekte nach den modernsten museologischen Kriterien angeordnet. Die Sammlung umfaßt 3000 Werke aus etwa viertausend Jahren, von den Ägyptern bis zum Beginn des 20. Jh.
Am Eingang jedes Raumes gibt es eine für jedermann verständliche schriftliche Erläuterung über die Ausstellungsstücke. Alle Arten und Techniken der Kunst sind

Die Dame Henut Taoui, Neues Reich, 18. Dynastie, Höhe 29,2 cm.

Tiefer Teller, 16. Jh. (Turkuje-Isnik), Durchmesser 35,5 cm.

vertreten, Malerei, Skulptur, Fayence, Keramikkacheln, Gobelins und Glaswaren. Ein Rundgang führt von den Lackarbeiten und den Werken in Marmor und Porzellan des Mittleren und Fernen Osten bis zu den französischen Möbeln des 18. Jh. und den Meisterwerken der europäischen Kunst von Künstlern wie Manet, Degas, Renoir, Rembrandt, Rubens, Rodin und vielen anderen. Keine einzige Arbeit, die ihren Platz nicht einer genauen Planung verdankt und in keinem Augenblick fühlt sich das Publikum von der Menge der großartigen Kunstwerke erdrückt. Die Sammlung Lalique ist eine der vollständigsten in der ganzen Welt. Ihr ist ein eigener Ausstellungsraum vorbehalten. Das Zentrum für Moderne Kunst enstand 1983 und ist heute aus dem kulturellen Leben von Lissabon nicht mehr wegzudenken. Es organisiert vor allem Ausstellungen und dramatische und musikalische Darbietungen. Zu seinen Einrichtungen zählen ein Museum, ein Dokumentationszentrum, experimentelle Workshops, Ausstellungs- und Projektionsräume, eine Mehrzweckhalle und ein Restaurant. Im Sommer werden im Auditorium unter offenem Himmel musikalische Veranstaltungen und klassisches und modernes Tanztheater dargeboten. Die Gulbenkian Foundation verfügt über eine eigene moderne Tanzkompanie. Der Monat August ist dem Jazz im Außenbereich vorbehalten. Zusammen mit anderen Körperschaften führt die Stiftung Konzerte klassischer Musik in ganz Portugal durch. Damit nicht genug,

Jean-Baptiste Carpeaux (1827-1875), Flora, 0,90 x 0,40 m.

Francesco Guardi (1712-1793), Himmelfahrtsfest auf dem Markusplatz, 0,61 x 0,91 m.

Edouard Manet (1832-1883), Seifenblasen, 100,5 x 81,4 cm.

Pektorale von René Lalique, 19.-20. Jh., 23 x 26,6 cm.

Gulbenkian publiziert portugiesische und ausländische Werke aus Wissenschaft und Kunst und födert die Lust am Lesen durch bewegliche Bibliotheken. Auch vergesse man nicht die Beiträge auf anderen Gebieten wie die Förderung der wissenschaflichen Forschung und die Ausbildung von Spezialisten sowie den Aufbau von Organisationen für soziale Sicherheit. In jüngster Zeit wird auch den portugiesisch sprechenden Ländern Afrikas geholfen.

Panorama von Sintra.

Ein mit Kacheln verkleideter Brunnen in der Nähe von Sintra.

Die Schornsteine des Königspalastes sind angeblich in maurischem Stil gehalten.

Der Palácio Nacional von Sintra.

PALÁCIO DA VILA

Mit seinen Gärten, die Könige bezauberten und Dichter inspirierten, aber auch Künstler - ganz besonders im 19. Jh. - wurde Sintra ein vielgeliebter Ort. Usprünglich hieß es Chintra und sein Name kommt aus dem Arabischen, auch wenn seine Ursprünge längst vergessen und die dazugehörigen Legenden unentwirrbar geworden sind. Zu den Dichtern, die seinen Reizen erlagen, zählen Luís de Camões, Almeida Garret, Eça de Queiroz, Lord Byron und William Beckford.

In Monserrate huschten einst die Höflinge zwischen den Büschen der Gärten umher und auch heute noch spürt man die magische Ausstrahlungskraft dieses Ortes.

Plötzlich ragen steile Hügel empor, die mit dichten Wäldern bedeckt sind; daran schließt sich die äußerste Westspitze Europas an, die Azoren nicht mitgerechnet, die sich Cabo da Roca nennt. Die Hügel von Sintra bieten uns eine Reise zurück in andere Zeiten.

Im Herzen der Stadt, die vierzig Kilometer von Lissabon entfernt ist, gibt es immer noch Spuren aus der Maurenzeit, Häuser mit offenem Patio und Brunnen in der Mitte. Der Nationalpalast oder Palácio Real erhebt sich am zentralen Platz in der Mitte von Arkaden, Keramikdekor und Gebäudeteilen aus dem Mittelalter, der Renaissance, dem Barock und der Romantik. Man weiß wenig über die Gründung des Palastes, einige behaupten, daß er von arabischen Anführern bewohnt wurde. Abgesehen von den verschiedenen Thesen zu dieser Frage gibt es keinen Zweifel, daß er zur Zeit von König Dionysius erweitert wurde.

Außerdem weiß man mit Sicherheit, daß manche Höflinge schon seit der Zeit des Troubadour-Königs ihre Mußezeit dort verbrachten. Die Aviz-Dynastie verwandelte den Palast in eine Sommerresidenz, ohne die Architektur zu verändern.

In diesem Gebäude, das damals wesentlich bescheidenere Ausmaße hatte, wurde die erste Expedition nach Ceuta geplant. Später empfing hier Johann I. Gesandte von Philipp dem Guten von Burgund, unter ihnen auch den flämischen Maler Jan van Eyck, um die Hochzeit mit der Infanta Isabel zu arrangieren. Daran wird auch in einem der Räume erinnert, denn da das Haus des Bräutigams den Schwan als Wappentier führte, malte man für jedes Jahr der Braut einen Schwan an die Decke.

Noch an anderen Decken gibt es Vögel, wie zum Beispiel im Elstern-Raum. Eine jede dieser Elstern, was auf Portugiesisch auch Höfling bedeutet, trägt die Inschrift "Por Bem" (zum Besten). Das war die unpassende Ent-

schuldigung von Johann I., als ihn Phillippa von Lancaster dabei entdeckte, daß er eine ihrer Hofdamen küßte. Wegen des Aufruhrs und der Intrigen, die durch diesen Zwischenfall ausgelöst wurden, ließ der König die Decke mit 136 Elstern bemalen, eine Elster für jede Hofdame. Die gotischen Schornsteine sind ein Beweis dafür, daß die frühe Aviz-Dynasty in dieser Residenz mit einem gewissen Aufwand viel Zeit verbracht haben muß. Die von weitem sichtbaren, kegelförmigen Schornsteine sind so gigantisch, daß sie für den aus den riesigen Küchen entweichenden Rauch, der bei der Zubereitung endloser Gänge entstand, mehr als ausreichend gewesen sein dürften.
König Alfons V. baute das Schloß weiter aus und starb in ihm (1481). Johann II. wurde hier zum König ausgerufen; er zeigte eine besondere Vorliebe für den Palast und brachte in ihm viele Sommer zu. Auch er führte einige Renovierungen durch. Doch die meisten Umbauten besorgte Emanuel I. zwischen 1505 und 1520. Er fügte in dem typischen Stil dieser Zeit den östlichen Flügel hinzu, ließ die mit naturalistisch-spätgotischer Ornamentik verzierten Zwillingsfenster einbauen und versah die Galerien mit Rundbögen. Im Salão dos Brasões aus derselben Zeit sind 72 Wappen der damaligen Adelsge-

Renaissancebrunnen am Eingang zum Palácio Nacional von Sintra.

Hirschsaal.

Elsternsaal.

Schwanensaal.

schlechter zu sehen. Der würfelförmige Raum mit der hohen pyramidenförmigen Decke ist typisch für den manuelinischen Stil. Unter dem maurischen Gesims sieht man ein Wabenmuster-Fries.
In diesem Palast wird die größte und wichtigste Sammlung antiker *Azulejos* aufbewahrt. Besonders erwähnenswert sind deswegen die Schwan- und Elster-Räume mit seltenen Exemplaren von azul-de-fez, der Arabische Raum mit einer gekachelten Schachbrett-Wandverkleidung aus Sevilla und den manuelinischen Azulejos mit Lilien- und Korngarben-Motiven am Fries. Einen Besuch verdient auch die wunderschöne gotische Kapelle mit islamischer Deckendekoration und Resten gotischer Malerei.
In dem Palast ereigneten sich unzählige Ereignisse und viele Stiele wurden vermischt. Hier hielt die Infanta Maria, Schwester von Johann III. ihren Damenhof, eine kulturell sehr bewußte Versammlung, denn die Damen sprachen hebräisch, griechisch und lateinisch. All das hat vielleicht zu der anregenden Atmosphäre beigetragen, die man noch heute zu verspüren meint.
Eine der schmerzlichsten Episoden ist in der Bodeninschrift eines kleinen Nebenraumes festgehalten: Dort wurde Alfons VI. die letzten neun Jahre seines Lebens gefangen gehalten, bis er an Geist und Körper gebrochen verschied.

Largo Rainha Dona Amélia vom Palasteingang aus gesehen.

Beim Spaziergang durch die schmalen Straßen und Gassen wirkt die Stadt sehr malerisch.

Gesamtansicht des Palácio da Pena.

PALÁCIO DA PENA

Die Sintra-Hügel sieht man meilenweit, sie erheben sich in den Himmel wie eine Festung. Hier und dort sind Häuser, Herrensitze oder andere Gebäude auszumachen. Der Pena-Palast bekrönt eine dieser der Hügelspitzen. Was von den grauen Schutzwällen der **maurischen Burg** noch erhalten ist, verschmilzt mit dem Grün des Waldes. Die Araber bauten dieses Kastell im 8. oder 9. Jh. und 1147 eroberte es Alfons Heinrich, als er den christlichen Herrschaftsbereich bis nach Sintra ausdehnte. Die Schutzwälle wurden unter Ferdinand I. erneuert, erlitten aber im Lauf der Zeit weitere Veränderungen, sei es anläßlich von Reparaturen, sei es durch die Schäden des Erdbebens von 1755. Ferdinand II. nahm als letzter an den Wällen und einigen Türmen Bauarbeiten vor und so sind sie bis heute geblieben. Im Inneren sieht man noch Reste einer protoromanischen Kapelle aus der Zeit vor der Rückeroberung durch die Christen.
Auf der Spitze des benachbarten Hügels gab es eine Grotte, in der die Jungfrau Maria erschienen sein soll. Man baute eine kleine Kapelle, die Nossa Senhora da Penha gewidmet war. Priester von der Marienkirche in Sintra pflegten hier auf Anordnung von Johann I. jeden Samstag die Messe zu lesen.
1493 begab sich Johann II. zusammen mit seiner Frau zu der Kapelle und blieb dort elf Tage, in Erfüllung eines Gelübdes. Emanuel I. stand ihm in Frömmigkeit nicht nach. Er ordnete an, daß ein Teil des Felsens abgetragen wurde, um an Stelle der Kapelle auf der neu geschaffenen kleinen Plattform ein Kloster für die Hieronymiten-Mönche zu errichten, das zunächst ganz aus Holz gebaut wurde. Die Arbeiten begannen 1503, aber schon acht Jahre später entschied der König, eine neues Gebäude aus Stein zu schaffen. Der wunderschöne Neubau bekam eine Kuppel, eine Kapelle, eine Sakristei, einen Glockenturm, Werkstätten, einen Kreuzgang und ein Dormitorium, das für achtzehn Mönche ausreichte.
Manche schreiben das Kloster dem italienischen Architekten Giovanni Potassi zu, andere sehen Boytac als den Baumeister an. Emanuel I. gab für dieses Projekt ungeheure Summen aus. In der Kapelle sieht man an der Decke noch heute das königliche Wappen, umgeben von Guilloche-Maßwerk und den Heldentaten des Königs, die auf *Azulejos* dargestellt sind.
Johann III. und Königin Katharina bewiesen ihre große Devotion für Nossa Senhora da Penha, indem sie einen Renaissancealtar aus Jaspis und Alabaster aufstellen ließen, auf dem Vollplastiken und Reliefs mit Szenen aus dem Neuen Testament und der Passion Christi zu sehen sind. Angeblich gestalteten sie Nicolo de Chanterenne oder Nicolau Romano. Der Auftrag dafür erging im Jahre 1532, als Zeichen der Dankbarkeit für die Geburt des Infanten Dom Manuel.

Am 30. September 1743 zerstörte ein Blitzschlag Teile des Turmes, der Kapelle und der Sakristei. Wenige Jahre später verursachte das Erdbeben von 1755 nochmals schwere Schäden. Zu Beginn des 19. Jh. beschleunigten die französischen Invasionstruppen auf ruchlose Weise die Zerstörung des heiligen Ortes und auch der Krieg zwischen den Liberalen und Absolutisten verschlimmerte den Niedergang. Der Gnadenstoß kam dann 1834 mit der Säkularisierung, als das Kloster endgültig aufgegeben wurde.
Vier Jahre später erregten die Ruinen die Aufmerksamkeit von Ferdinand II., ein Fürst aus dem Hause Sachsen-Coburg-Gotha und Gemahl von Maria II. Da er Portugal liebte, entschloß er sich, das ehemalige Kloster zu kaufen und es in seine Sommerresidenz umzuwandeln. Doch unter dem Einfluß des künstlerisch begabten Barons von Eschwege, der später zusammen mit Wenseslau Cifka den Park gestaltete,

Der großartige Palácio da Pena steht in einer Höhe von 500 m mitten in der Serra de Sintra.

Das arabische Tor und die Zugbrücke.

wollte er, im Einklang mit den Ideen der Romantik, nicht das Kloster restaurieren, sondern in die Ruinen des 16. Jh. einen neuen Palast einfügen.
Die Bauarbeiten begannen 1840, zunächst legte man die Straße an, die auch heute noch zum Pena-Palast führt. Im Jahr 1844 wurde das eigentliche Gebäude unter der Bauleitung des Italieners Demetrio Cinnatti in Angriff genommen.
Der Palast ist die Verkörperung romantischer Ideale und wesentlich mehr als eine normale Architektur, denn trotz der Vermischung einer Unzahl von Elementen und eklektischer Stile enstand eine harmonische Einheit. Schon drei Jahrzehnte vor den Schlössern Ludwigs II. von Bayern entstanden, ist es ein typisches Beispiel für eine Zeit, in der die Träume der Herrscher absoluten Vorrang hatten. Einerseits fühlt man sich wegen der Pflanzen- und Tiermotive und wegen der Kymas und Säulen in das alte Ägypten versetzt, andererseits fehlt nicht der arabische Bezug mit Minaretten und Bögen, ganz zu schweigen von der Innendekoration einiger Räume. Der Mittlere Orient findet seinen Widerhall in den Statuen am Eingang und dem doppelgeschossigen Kreuzgang. Allerdings gibt es dort auch dekorierte Kacheln, von der Maurenzeit bis zum 19. Jh. Der gotische Stil dominiert in der Kapelle und dem Kreuzgang und auch an den Kuppelspitzen. Der Nachhall der Renaissance taucht an den spitzgiebligen Schilderhäusern auf und wird auch durch den weiter oben erwähnten Alabasteraltar des 16. Jh. vertreten.
Der Palast enthält in seinen Dekorationen zahlreiche allegorische und magische Motive wie z.B. am *Triton-Bogen*, der mit Wellen aus Korallen und Muscheln überzogen ist, über denen sich mit Trauben überladene Weinreben als Symbol der Erde befinden.
Die unregelmäßige Form des Palastes steht in Relation zu seiner Umgebung und den großartigen Grünanlagen und beschränkt sich nicht nur auf die Verherrlichung seiner selbst.
Das **Innere** ist ebenfalls überwältigend, es vergegenwärtigt die Geschichte Portugals zusammen mit der Welt in der sie sich verwirklichte. Die Kunst vieler Länder, mit denen Portugal in Verbindung stand, in Indien, im Fernen Orient, in Afrika und Europa, ist hier vertreten. Es gibt kostbare Möbelstücke, Porzellan, Skulpturen, Gemälde und andere Schätze. Der Palácio da Pena ist die Verwirklichung eines prächtigen Tagtraumes.

Nächste Seiten, Palácio da Pena: Ballsaal, Raum der Königin Amélia, Kapelle und Uhrenturm.

Palácio da Pena: Tritonen-Tor; Tritonen-Fenster. Der Palast ist eine Gemisch aus gotischem, manuelinischem und maurischem Stil, außerdem gibt es mehr oder weniger geglückte Renaissance- und Barockelemente.

Arabischer Raum.

Palácio Nacional de Queluz: Neptunbrunnen (1763) und die Hauptfassade (1764-1767).

Die zentrale Gruppe des Neptunbrunnen.

Der Botschafter-Raum (1757-1762).

Thronsaal (1768-1770).

DAS SCHLOSS VON QUELUZ

Der Nationalpalast von Queluz ist das attraktivste und berühmteste Schloß des 18. Jh. in ganz Portugal. Der Baubeginn erfolgte 1747 an Stelle eines Herrenhauses, das dem ersten Marquis von Castelo Rodrigo gehörte und endete im Jahr 1786. Der erste Bauabschnitt brachte 1758 die monumentale Fassade hervor.

Begabte Künstler wurden beauftragt und nur die besten Materialien fanden Verwendung. Den Entwurf lieferte der Architekt Mateus Vicente de Oliveira, seine Arbeit führte der Franzose Jean Baptiste Robillon weiter, der das Innere dekorierte und das Gebäude nach Westen erweiterte. Er gestaltete auch die klassizistische Hauptfassade und die Gärten. In die Baustruktur dieser Zeit war auch die Kapelle einbezogen, die Silvestre Faria Lobo mit vergoldeten Holzschnitzereien verzierte.

Es handelt sich vor allem um einen Barockpalast, trotz

Nereiden-Brunnen (1778) und Fassade des Thronsaals.

Marmorsphinx vor dem Ruhmes-Portikus.

der *Rocaille-Dekoration* der mit Statuen geschmückten Balustraden und des heraldischen Giebelfeldes. Der Palast dehnt sich entsprechend dem Zeitgeschmack auch in die schönen Gartenanlagen aus, was beweist, daß der Hof mit dem Pomp der anderen europäischen Höfe Schritt halten wollte. Das ist auch an den bemalten Kacheln im Garten ablesbar, die das höfische Leben in Queluz illustrieren.

Als 1794 ein Feuer den Palast von Ajuda zerstörte, wurde der Sommersitz Queluz in die ständige Residenz der königlichen Familie verwandelt und in den Ort der offiziellen Empfänge.

Im Jahr 1807 ging die königliche Familie nach Brasilien ins Exil und nahm dabei fast die gesamte Palasteinrichtung mit. Junot, der Heerführer Napoleons, residierte hier, nicht ohne einige Räume zu verändern und neue Möbel hinzuzufügen. Als die königliche Familie 1821 zurückkehrte, wollte sie wieder in Queluz einziehen, doch dazu kam es nicht. Königin Maria II. benutzte den Palast nur noch als Lustschloß.

Heute versucht man in Queluz repräsentative Ereignisse zu inszenieren, die dem Schloß teilweise wieder den höfischen Charme des 19. Jh. zurückerstatten, zum Beispiel mit Konzerten und Tanzveranstaltungen. Die Räume mit ihren Gemälden, den italienischen Marmorarbeiten und den Fußböden aus brasilianischen Hölzern bezeugen ebenso wie die wunderschönen Gartenanlagen immer noch den unsterblichen Glanz von Queluz.

CASCAIS

Blick auf die Stadt und den Hafen.

Bronzestatue von König Peter I. (1320-1367) auf dem Largo 5 de Outubro.

Das römische *Cascale* wurde später zu einer arabischen Stadt, die ihrerseits unter der Herrschaft von Alfons Heinrich durch die Christen erobert wurde. Die Stadt ist ebenso reich an geschichtlichen Ereignissen wie an Gebäuden der verschiedenartigsten Stile. Es gibt Häuser aus der Romanik, der Renaissance, dem Barock und aus der Moderne. Bescheidene Häuser stehen neben prächtigen Palästen, Kirchen, Einsiedeleien und Festungen, ja, es gibt sogar eine Zitadelle. Cascais rühmt sich einer wunderschönen Lage am Meer. Es ist von Hügeln und weißen Sandstränden umgeben. Geschützt von einer idyllischen Landschaft galt es für lange Zeit als Heimat von Fischern und Königen. Verschiedene Monarchen verbrachten hier den Sommer und ergötzten sich an der malerischen kleinen Stadt. Weiter die Küste entlang stößt man auf Boca do Inferno, den sogenannten Höllenschlund, ein vom Meer in das hohe Kliff geschlagener "Krater". Cascais besitzt auch mehrere Monumentalbauten, darunter die reich ausgestattete **Kirche Nossa Senhora da Assunção**. Am Gewölbe des Kirchenschiffes prangen Malereien von Malhoa und an den Wänden wechseln *Azulejos* mit Darstellungen aus der Apokalypse und dem Marienleben (von 1748) mit Gemälden von Josefa de Óbidos ab. Die Gemäldes des 16. Jh. im Chor werden dem Mestre da Lourinhã zugeschrieben. Im alten Fischerdorf von Cascais steht passenderweise eine Barockkirche, die *Nossa Senhora dos Navegantes* (unserer lieben Frau der Seefahrer) geweiht ist. Die Kirche hat

S. PAULO
S. PEDRO

eine überraschende oktogonale Form und das Innere ist mit weißem, rosa und grauem Marmor dekoriert. Eine der beiden Eremitenklausen, die in der örtlichen Geschichte eine Rolle spielten, ist die des São Sebastião aus dem 17. Jh., heute im Museum und der Bibliothek der Grafen von Castro Guimarães. Es wurde 1932 fürs Publikum geöffnet und enthält eine schöne Sammlung von Gemälden, indisch-portugiesischen Möbeln, archäologischen Fundstücken und eine beeindruckende Bibliothek. Die andere ist die *Kapelle Nossa Senhora da Guia*, an der das manuelinische Portal und die *Azulejos* des 17. und 18. Jh. besonderes Interesse verdienen.
Dekorierte Kacheln kann man fast überall finden, auch das Rathaus enthält einige schöne Keramiktafeln. Die beiden Forts des 17. Jh. sind interessante Beispiele der Militärarchitektur. Sie entstanden im Zusammenhang einer Verteidigungsstrategie für den Tejo-Fluß.
Cascais hat sich dank der Hotels und Restaurants weiterentwickelt, die für das Wohlergehen der vielen Besucher Sorge tragen. Oft werden Konzerte veranstaltet und außerdem findet hier das Cascais Jazz Festival statt.

Keramikplatten (18. Jh.) verzieren die Fassade des Rathauses, dem früheren Palast der Condes de Castro da Guarda am Largo 5 de Outubro.

Die hll. Peter und Paul auf den Keramiktafeln des Rathauses.

Der Turm des hl. Sebastian in dem früheren Landsitz (1906) des Conde de Castro Guimarães, mit einer Bibliothek und einem kleinen Museum.

Eine Azulejo-Tafel von 1750 am Löwenbrunnen im Museumsgarten, die sich aus 980 Kacheln zusammensetzt und eine Predigt für verschiedene religiöse Orden wiedergibt.

PARQUE FLORESTAL DE MONSANTO
Palácio Fronteira
SINTRA
Palácio da Vila
Palácio da Pena
Palácio Nacional de Queluz
Estrada da Circunvalação
Auto - Estrada
Tapada da Ajuda
Avenida das Descobertas
Estrada de Queluz
R. das Açucenas
Calc. do Mirante
Rua do Cruzeiro
Calçada da Tapada
Palácio da Ajuda
Museu Nacional de Etnologia
Avenida Ilha da Madeira
AJUDA
Calçada do Galvão
Calçada da Ajuda
RESTELO
Av. Restelo
Museu de Marinha
Mosteiro dos Jerónimos
Museu Nacional dos Coches
Av. Torre de Belém
BELÉM
Rua B. Dias
Museu Nacional de Arqueologia
Rua da Junqueira
Avenida da Índia
Rua 1º de Maio
Av. Marginal
CASCAIS
Torre de Belém
Padrão dos Descobrimentos
Ponte 25 de Abril
Cristo Rei
ALCÂNTARA
Av. de Ceuta
Avenida de Ceuta
Rua de D. Maria Pia
Palácio das Necessidades
Rua Pr. do Crato
Av. Infante Santo
Basílica da Estrela
Rua Pr. Arriaga
R. Janelas Verdes
Avenida Vinte e Quatro de Julho
Museu Nacional de Arte Antiga
Doca de Alcântara
Av. D. Pacheco
Museu Calouste Gulbenkian
Parque Eduardo VII
Praça Marquês de Pombal
Rua Alexandre Herculano
Avenida da Liberdade
Av. P. A. Cabral
Rua de S. Bento
R. Escola Politécnica
Av. Carlos I
R. P. Negros
Calç. do Combro
Rua Pedro V
Rua de S. Pedro de Alcântara
Elevador da Glória
Praça dos Restauradores
Rossio
Igreja de São Roque
Carmo
Chiado
Rua do Alecrim
Elevador de Santa Justa
Avenida Almirante Reis
Rua da Palma
Praça da Figueira
Baixa
R. do Ouro
R. Augusta
R. da Madalena
R. Arsenal
Praça do Comércio
Av. Rib. Naus
Cais do Sodré
Castelo de São Jorge
Alfama
Sé Catedral
R. Alfândega
R. João Evangel.
Miradouro de Santa Luzia
Casa dos Bicos
Igreja de Nossa Senhora da Graça
Av. General Roçadas
Igreja de São Vicente de Fora
Feira da Ladra
Igreja de Santa Engrácia-Panteão Nacional
Av. Infante D. Henrique
Av. Mouzinho de Albuquerque
Museu Nacional do Azulejo
Rio Tejo
0 200 400 600 m